事

尘

潮

祝勇 著

如

水

人 如

作家出版社

祝勇

作家、纪录片导演，艺术学博士，新散文代表作家。祖籍山东菏泽，1968年出生于沈阳，现任故宫博物院研究馆员、故宫文化传播研究所所长。

主要作品有：长篇小说《国宝》《血朝廷》，历史文化散文《故宫的古物之美》《故宫的古画之美》《故宫的书法风流》《在故宫寻找苏东坡》《在故宫看见中国史》等数十部著作。"祝勇故宫系列"由人民文学出版社出版。

获郭沫若散文奖、朱自清散文奖、丰子恺散文奖、《当代》文学拉力赛2017年散文总冠军、2019年长篇作品总冠军、2020年长篇作品总冠军等多种奖项。

任《苏东坡》等十余部大型纪录片总编剧，获金鹰奖、星光奖等多种影视奖项。任国务院新闻办、中央电视台大型纪录片《天山脚下》总导演，该片入选"新中国七十年纪录片百部典藏作品"。

目　录

沈从文与故宫博物院

—

1956年，吴仲超院长为了给故宫博物院的文物研究"输血"，决定大批引进"外援"，将包括唐兰、徐邦达、沈士远、罗福颐、孙瀛洲在内的一批文博界学术骨干调入故宫，沈从文，就在吴院长的这批调入名单中。

关于沈从文与故宫的渊源，印象最深的就是陈徒手的文章《午门城下的沈从文》。此文初刊于《读书》1998年第10期，影响巨大。2000年，陈徒手在人民文学出版社出版的《人有病，天知否：1949年后中国文坛纪实》一书收入了此文；2013年，生活·读书·新知三联书店又出版了修订版，该文亦在其中。

在这篇文章中，作者援引对多位老辈文人的采访来描述沈从文在1949年以后的处境。其中，萧乾1998年3月9日在北京医院病房谈到沈从文时曾说"那个时候他在故宫处境很不好"①，加之陈徒手在文章中有意突显"午门城下"这一语意，以表达沈从文当年的孤独与伤感，如其笔下所流露的：

沈从文与故宫（由作者提供）

"独自站在午门城头上，看看暮色四合的北京城风景……明白我生命实完全的单独……因为明白生命的隔绝，理解之无可望……"②尽管陈徒手也援引郑振铎的话，说明"历史博物馆在午门前面"③，但许多读者依旧会误以为，沈从文当时的工作单位是故宫博物院。

因此，在陈徒手的文章之外，需要补充一点：在当时，午门以及午门与端门间的东西朝房，自1918年起，就成为国立历史博物馆筹备处的办公地，1926年10月，北平历史博物馆（1949年10月改称北京历史博物馆）正式开馆，1959年搬入天安门广场东侧的新馆大楼，北京历史博物馆也更名为中国历史博物馆。午门一直是历史博物馆的办公和展陈场所，并不属于故宫博物院。

如此一望而知，"午门城下"的沈从文是历史博物馆而非故宫博物院的一名工作人员。但许多史料、传记仍然表述含糊。如《不列颠百科全书》的"沈从文"条目下就有："1949年后，在北京中国历史博物馆、故宫博物院做文物研究工作。"④《中国大百科全书》则说："1957年后，沈从文放弃了文学生涯，在北京中国历史博物馆、故宫博物院等单位工作。"⑤

2005年，时任文化部副部长兼故宫博物院院长的郑欣淼先生在《故宫学刊》发表《沈从文与故宫博物院》一文，对沈从文当时的人事关系进行寻根溯源。他从故宫博物院保存的档案中，找到了1956年5月9日文化部文物管理局发来的《调沈从文到故宫博物院工作通知》。该通知"主致"中国历史博物馆，"抄致"故宫博物院："你馆沈从文同志业经部同意调故宫博物院工作。接通知后，请即办理调职手续为荷。"⑥郑欣淼先生发现，在这份通知的边上，竖写着"没有来"三个字。在所附中国作协党组致文化部党组的函件上，故宫博物院人事科注明这样一段话："因本人不愿来院工作，现征得组织全〔同〕意来我院陈列部兼研究员工作。"⑦

郑欣淼先生的文章，终于打破了困扰多年的混沌，厘清了沈从文与故宫的关系，即："沈从文先生并未调入故宫博物院。"⑧

然而，沈从文与故宫的缘分，并未因"没有来"三个字而终结。查沈虎雏编《沈从文年表简编》可知：1956年5月，故宫博物院吴仲超院长请沈从文担任故宫博物院织绣研究组顾问，他每周有一定时间在故宫上班；他协助织绣组培训的业务骨干，有些经过自己不懈努力，成为某一领域的文物专家。由于有更多机会接触故宫馆藏文物，也扩大了他的研究视野。⑨正如郑欣淼在文中所述："他虽未正式调入故宫博物院，但实实在在在故宫上过班，神武门内东侧大明堂原织绣组办公室有他的办公桌。他不只从事研究，还做了大量的实际工作，就连故宫博物院的一些人也理所当然地以为沈先生就是故宫的工作人员。"⑩

对沈从文在故宫博物院文物研究等方面的筚路蓝缕之功，郑欣淼先生在文中做了全面梳理，时隔六十多年，我们依旧可以感受到他学识与人格的浸润。我所工作的故宫学研究所，很多年中一直在神武门西侧的西北角楼下面（后搬至文华殿东的南三所），与沈从文当年工作过的神武门内东侧大明堂相距不远。每次从这条路上走过，心里有时会怦然一动，想到我所热爱的沈从文先生也从这条路上走过，心底会升起说不出的温暖。十几年前，我还是一个精力充沛的小伙子，曾怀揣一本《边城》，前后七次奔赴湘西，感受沈从文笔下那个蓬勃充沛的世界，还写了一本名为《凤凰：草鞋下的故乡》的书。那时的我万万不会想到，很多年后，我竟然与沈从文先生成为"同事"，只不过中间隔了半个世纪的时光。

半世纪时光，在这苍茫浩大的紫禁城里，不过是俯仰之间，但对于个体来说，那又是一堵多么厚的墙。正是出于对"沈从文"这三个字的敏感，我在读过郑欣淼先生这篇文章之后还心有不甘，试图寻找出沈从文在故宫博物院留下的更多印迹。于是，从故宫博物院的尘封档案中，我又翻检出若干与沈从文相关的物证，这些，外界学者和读者应难得一见。陈徒手曾经感叹："没有找到沈先生的官方档案文件，在几个单位中来回询问都无下落"，"官方文献这一主要来源实际上是缺失的"⑪。张新颖2014年出版的《沈从文的后半生》，也基本是依据《沈从文全集》和其他公开出版的著作写成的。我翻找出的这批尘封半个多世纪的档案，虽然微小零碎，但毕竟未见披露。特别是一封沈从文书信手稿，《沈从文全集》没有收录，或许连沈虎雏先生都未曾见过，借此刊布，算是给沈从文的故宫岁月平添一份佐证，也期对学界研究提供某种补充。

二

尽管沈从文在精神困顿之际，得到了梁思成、巴金等朋友的关心鼓励，但他最初的转变，应当来自他在1949年8月正式调入北平历史博物馆、被分配在陈列组工作的经历。临时性任务有抄写文代会时事宣传橱窗内图片说明，主要工作是在库房清点登记馆藏文物，编写文物说明、抄写文物卡片。虽然感受到"生命的隔绝，理解之无可望"，有领导来视察，安排他做文物讲解，他早早到来，但一听说来者是他的学生、已任北京市副市长的吴晗，就转身躲开了，那心情定然是复杂的。关于当时的处境，他在"文革"中的申诉材料里这样写道：

> 记得当时冬天比较冷，午门楼上穿堂风吹动，经
> 常是在零下十度以下，上面是不许烤火的。在上面转

来转去学习为人民服务，是要有较大耐心和持久热情的！我呢，觉得十分自然平常。组织上交给的任务等于打仗，我就尽可能坚持下去，一直打到底。⑫

一次郑振铎来看他，面对着这位20世纪30年代的文坛老友，沈从文握住他的手，只叫了声"西谛"，眼圈儿就红了。

老朋友蹇先艾、李乔也来看他，见沈从文满面憔悴，不停地咳嗽，心里很伤感。沈从文看见了他们的伤感，反而内疚起来，反过来安慰他们，还把他们带到公园里吃茶，陪他们聊天，给他们讲笑话。

巴金在一封信里对沈从文这样说："朋友中待人最好、最热心帮忙人的只有你，至少你是第一个。"⑬此时，轮到沈从文需要帮助了。1955年11月21日，沈从文给老乡兼老友丁玲（时任中国作协副主席）写信，说："帮助我，照这么下去，我体力和精神都支持不住，只有倒下……让我来看看你吧，告我地方和时间。我通信处在东堂子胡同廿一历史博物馆宿舍。"

丁玲没有如期而至，而是把信转给了刘白羽（时任中国作协书记处第一书记）和严文井（时任中宣部文艺处长），并在附信中说："去年他老婆生病想进协和，陈翔鹤同志要我替他设法，好像不去不行……现在又来了这样一封信。……这样的人怎么办？我希望你们给我指示，我应该怎样同他说？"

时隔半个世纪，我仍然能够感受到他的憋闷与委屈。此时的他，只能困守围城，在晨晚的昏黑中，独自面对那些苍老而冰冷的古物。

或许沈从文和丁玲都没有想到，刘白羽向周扬（时任中宣部副部长兼中国作协党组书记）汇报后，周扬做出了积极回应，让丁玲、严文井等去看望沈从文，听一听他的想法。丁玲等人没有去，但时任文化部文物局副局长的王冶秋去了，与沈从文谈了两小时，表示可以安排他去作协搞文学写作，也可以搞文物研究。但沈从文当时说："没有主意，脑子乱得很。"搞创作，怕受批评；搞文物，怕受轻视。⑭

沈从文就是在这个时候，收到吴仲超院长的邀请的，也是在这个时候，收到《调沈从文到故宫博物院工作通知》的。1956年4月10日，沈从文在给沈云麓信中透露："我可能去故宫专搞绸缎，因为已经有了点常识。"⑮一个多月后，他在给沈云麓信中又说："我大致要调到故宫搞丝绸专馆，已有公事。"⑯6月10日，又说："工作已调过故宫搞丝绸馆，一时还不能去。"⑰

三

如郑欣淼先生文中所说，沈从文在几经踌躇之后，最终还是"没有来"。"没有来"的原因，他在"文革"中的申诉材料《我为什么始终不离开历史博物馆》中写了，却没有写得太明白。或许因为年事已长，"人老了，要求简单十分……白天不至于忽然受意外冲击，血压高时头不至于过分感觉沉重，心脏痛不过于剧烈，次数少些，就很好很好了"⑱。

但今天看来，这些都像是推托之辞，因为当时的沈从文才五十四岁，还没有到老眼昏花、无法工作的程度。1956年，沈从文曾经的新文学伙伴们，大都年过五旬，且高居庙堂。其中，茅盾六十岁，任文化部部长；郑振铎五十八岁，任文物局局长；老舍五十七岁，任北京文联主席；丁玲五十二岁，任中国作协副主席。老舍之子舒乙先生回忆父亲20世纪50年代写作状况时说："跟延安、国统区来的许多作家心态不一样，老舍心想自己是穷人出身，在很偶然的机会下免费上了学校，没上过大学，亲戚都是贫民，在感情上觉得跟共产党有天然关系，跟新政府是一头的。毛泽东认为知识分子是小资产阶级分子，要脱裤子割尾巴。一些作家受到精神压力，谨慎小心，有的做投降状，生怕自己是否反映小资情调？是否背离党的要求？很多作家不敢写，写不出来。而老舍没有顾虑，如鱼得水。"⑲

老舍根红苗正，与人没有仇怨，而且有来自最高领袖的亲切关怀，春风得意。汪曾祺曾经回忆过一个细节：有一次，老舍很郑重地拿出一瓶葡萄酒，说是毛主席送来的，让大家都喝一点。⑳

沈从文没有正面评价过老舍。但，不评价，不等于没态度。多年后，他被年轻学者问到跟老舍熟不熟，他说："老舍见人就熟。这样，反倒不熟了。"再被问到老舍的幽默作品好不好，他回答："我不太熟悉。"㉑

相形之下，身处"主旋律"边缘的沈从文，已然成为革命文学的"多余人"，他的处境，正如他在"文革"中的申诉材料所写的：

> 和一般旧日同行比较，不仅过去老友如丁玲，简直如天上人，即茅盾、郑振铎、巴金、老舍，都正是赫赫烜烜，十分活跃，出国飞来飞去，当成大宾。当时的我呢，天不亮即出门，在北新桥买个烤白薯暖手，坐电车到天安门时，门还不开，即坐下来看天空星月，开了门再进去。晚上回家，有时大雨，即披个破麻袋。我既从来不找他们，即顶头上司郑振铎也没找过，也无羡慕或自觉委屈处……㉒

但是，假如说沈从文的心底没有创作的冲动，也绝非实情，特别是1949年之后的时代气象，也让他无法保持真正的沉默。1949年，他就在书信里写道："让我生存来讴歌这个新

的时代的秩序，岂不是比促我毁灭为合理？"㉓

但文学创作，依旧是艰难的。从旧时代来的知识分子，不脱胎换骨，就进不了社会主义这个门。有评论家甚至将中国当代文学命名为"国家文学"，即"由国家权力全面支配的文学"，"纳入到国家权力范畴之中的意识形态"。㉔在这种情况下，沈从文无法对接。即使如茅盾、巴金、老舍这些新文学巨匠，也同样举步维艰，他们后来的命运，都证明了这一点。

相比之下，博物馆那些具体而细微的工作、古色斑斓的文物，还能让他心有所寄。那颗因无法融入时代、不能再写出从前那样流丽文字而倍感焦虑的心，也一点点平复下来，除了"死心塌地地在博物馆作小螺丝钉"㉕，他已别无他念。他开始努力学习毛泽东著作，尝试着用《实践论》指导他"研究劳动人民成就的'劳动文化史''质文化史'，及以劳动人民成就为主的'新美术史'和'陶''瓷''丝''漆'，及金属工艺等等专题发展史"。"这些工作，在国内，大都可说还是空白点，不易措手。但是从实践出发，条件好，是可望逐一搞清楚的。"㉖

沈从文最终选择文物研究，或许深藏着一个不言自明的原因：与那些心急火燎地走进新时代的文学创作相比，文物研究相对静态、单纯，尽管同样需要掌握"历史唯物主义"、活学活用毛泽东思想，但面前的文物，毕竟是华夏几千年文明的物化体现，传承着我们民族数千年发展中最高等级的生命潜流和精神气脉，千百年间，人们的月下歌舞、江边咏唱，都凝聚在上面，我们整个民族蓬勃浩大的文化记忆和文化认同，全靠它们整合和统一。它们不是一朝一夕间完成的，它们的价值也不是一时一世的，而是深远的、超时代的。那是一条真正意义上的长河，收纳了人世间的所有真相，历经颠簸和迂回，却依旧宽厚和坦然。在水边成长的沈从文，更容易体会到它的仁慈与悲悯。

当时的情况是，除了为历朝历代的农民运动和阶级斗争提供物质佐证之外，这些文明的碎片正日趋受到年轻人的冷落。沈从文回忆："老一辈'玩古董'方式的文物鉴定多不顶用，新一辈从外来洋框框'考古学'入手的也不顶用，从几年学习工作实践中已看出问题。同级研究工作人员，多感觉搞这行无出路，即大学生从博物馆系、史学系毕业的，也多不安心工作。我估计到我的能力和社会需要，若同样用五六年时间，来继续对文物作综合研究，许多空白点，一定时期都可望突破，或取得较大进展。我再辛苦寂寞，也觉得十分平常，而且认为自然应当，十分合理了。"[27]

同样从事文物研究，他为什么选择留在历史博物馆而没有去故宫，他没有说。在我看来，以故宫顾问的身份帮助故宫开展文物研究，或许二者（历博与故宫）可以兼得。

沈从文与夫人张兆和、儿子沈虎雏在北京家中，1954年（由作者提供）

四

沈从文最终"没有来",对此,故宫给予了充分尊重,并同意他到陈列部"兼研究员"。我找到此前未见披露的一份故宫博物院档案,可见故宫对此事的谨慎庄重:

> 我院聘请沈从文先生为织绣专门委员,王世襄为历代专门委员,二人已开始来院工作(沈于3月、王于5月,每星期工作一日)。我部每人每月补贴来往车马费肆拾元(与阎文儒相同),拟由院行政费项下支付,是否有当。
>
> 谨呈
> 院长
> 批示
>
> 故宫博物院陈列部(公章)(唐兰印)
> 1957,6,21[28]

7月11日,吴仲超院长在批示栏里批道:"照准,从来的月份发给。吴仲超。11 / 7。"

同日,唐兰在拟办栏批道:"因与阎文儒先生同为专门委员,拟同意均补贴车马费40元。唐兰。7,11"。[29]

2012年1月，我在时年八十九岁的郑珉中先生的办公室，采访了这位曾与沈从文共事的前辈学者。半个多世纪前，他还只是一个毛头小伙子，对沈从文投以景仰的目光。郑珉中先生说："沈先生是大研究员，我是故宫的小职员，对他是仰望的。有什么问题请教他时，他都会一一解答，非常耐心。"

当时在故宫博物院织绣组任实习研究员的于善浦先生还记得第一次见到沈从文时的样子："那是一个初冬的时节，先生头戴着半旧的皮帽，身着一件黑面皮领的大衣，慈祥的面庞上，戴着一副眼镜，平易近人。""沈先生常常徒步走故宫内线来织绣所研究组上班，有时也搭乘公共汽车到故宫北门（神武门），再走到办公室。"

于善浦先生还回忆，沈从文曾带着他多次去前门、珠市口一带的估衣铺看织绣品。有一次，在东珠市口的一家店铺里，掌柜拿出一件古旧的刺绣"麻姑献寿"，沈从文让于善浦鉴定，当时于善浦只有二十四岁，只在故宫看过一些宫廷织绣品，对民间织绣了解甚少，一时不知所措。沈从文微微一笑，对掌柜说："这是民国年间仿制的'麻姑献寿'，而且是人工做的'旧'。"掌柜知道此人眼力不凡，只好承认。这家店铺里还存着许多从故宫流散出去的织绣品，有缂丝、织锦、刺绣，沈从文再次让于善浦鉴定，这一次，于善浦凭借他对宫廷织绣品的熟悉，给出了清晰的回答，沈从文眯着眼，

点头不语，掌柜也频频点头，表示他说得八九不离十。㉚

在故宫，沈从文把自己的研究经验传授给眼前这群年轻人，很多年后，他们也都成了学术大家。反过来，故宫丰富的藏品，也刺激了沈从文，让他曾经黯淡的精神光源重新燃亮。"文革"中，有人贴他大字报，他在答复中写："故宫藏上万种绫罗绸缎，我大抵都经过手，兄弟民族纺织品也以千计，留下了深刻印象。"㉛言语中，依旧难掩满足。

美国汉学家金介甫在《沈从文传》中这样描述他当时的状态："故宫的珍藏文物，现在可以听任他自由使用。他可以从中学到不少东西了……简直'像一个刚蒙受上帝恩宠的虔诚教徒一样'地兴奋。"㉜

至于他对"血压高时头不至于过分感觉沉重，心脏痛不过于剧烈"的担忧，此时都烟消云散了。

五

那封沈从文先生未刊书信手稿，故宫博物院档案编号为19630481z，看见纸页上隽秀儒雅的笔迹，我的内心无比温暖，仿佛隔过茫漠的时间，与沈从文默然相对。沈从文把脸沉在时间的暗处，默然不语，他想说的，都写在那份苍黄的纸页上。那是他写给唐兰（时任故宫博物院陈列部主任）的一封书信手稿，内容是谈朱家溍先生一篇关于漆器的文章，但字里行间密密麻麻，却都是他对那些旧物的小心与珍爱。

信的内容如下：

立庵先生①：

得示并朱先生文案和王魏诸兄意见，文章一再读过，得益正多。有关艺院"漆工艺教材"，系四川沈福文先生编辑，我只是当时读者之一而已。这方面我实在是个外行，说的话恐枝蔓无分寸，附纸望斟酌情形，觉得对朱文修改有点益，且有必要修改，再发表，即转致一下。觉得意义不大，且院刊又急于付排，即留下来，且候将来拟作大型图录序言用时，再供朱先生修改参考。

本文中既说是"漫谈"，我同意世襄兄意见，只需能多用点心，多抄改几次，发表时自然更好些。删去些不必要字句，无妨作院刊用。因为当作一般说明性介绍文字，还清楚有条理，且有些见解极正确。若作图录序言，分量似乎轻了点，压不住阵脚。最好能再下点工（功）夫，引用些其他文献和相关形象材料，做做爬梳探讨工作。纵横联系看看，把技法、图案、造形（型）、来龙去脉弄个清楚，至少比日本学人搞得深、透，文字也写得稳妥、扎实一

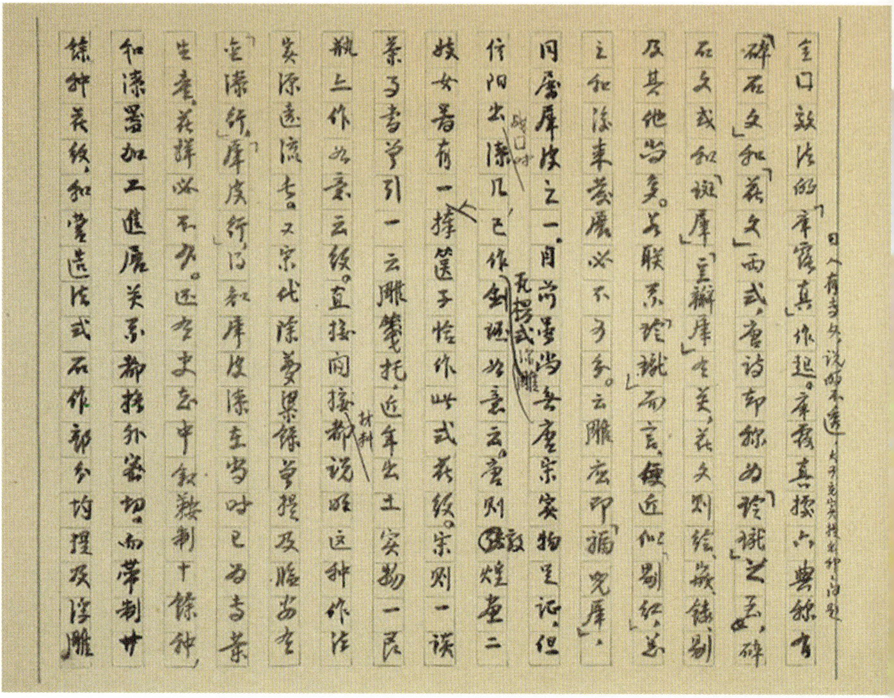

沈从文致唐兰信（由作者提供）

些，送出去比较好。因为故宫元明藏品多，而漆工艺进展又有个历史传统，近十年发现又给人极多有益启发，元明成就并不孤立存在，不仅和以前生产成就有联系，也和同时工艺各部门息息相关，要介绍得恰到好处，有关问题不能不摸摸。比如文中引明人叙述谈唐宋漆事，多不怎么具体，只近于一般鉴别家言，而缺少客观分析，极容易以讹传讹，似是而非。如说唐法之平锦地，宋之金□胎，只据笔录孤证而信其有，不就大量宋人笔记而轻其无，便值得商讨。求序言有分量，有见地，能配合图像，代表国家博物馆对于这一部门研究新的成果，我想除了如世襄兄说的"宜就现有实物作较深刻细致比证分析"，还值得在技法、图案、造形（型）、探源溯流上作点工作，远者不论，至少得从唐代襄州生产影响到全国效法的"库露真"作起。日人有专文，说得不透，大可充实提出种种问题。库露真据六典称有"碎石纹"和"花文"两式，唐诗却称为"玲珑"之至，碎石纹或和"斑犀""豆瓣犀"有关，花文（纹）则绘、嵌、镂、剔及其他尚多。若联系"玲珑"而言，便挖"剔红"，总之和后来发展必不可分。云雕应即"福儿犀"，同属犀皮之一，目前虽尚无唐宋实物足证，但信阳出战国时漆几，已作瓦楞式珍雕剑□如意云。唐则敦煌画二妓女图，有一人捧篚子，恰作此式花纹。宋则一谈茶事书曾引一云雕"盖"托，近年出土实物一艮瓶上作如意云纹。直接间接材料都说明这种作法实源远流长。又宋代除《梦粱录》曾提及临安有"金漆行""犀皮行"，得知犀皮漆在当时已为专业生产，花样必不少。还有史书中叙鞍制十余种，和漆器加工进展关系都格外密切，而带制廿余种花纹，和《营造法式》石作部分均提及浮雕中的"别地突起""识文隐起"等作法，明《髹饰录》中在漆作法中就有同样名目，绝非偶然凑和（合）。所以谈明漆来源不引宋事，说"承先顾后"将不免会落空。又明人称宋宫内作漆用金□胎。但宋代可靠而重要文献之一《大金吊伐录》中提及金人围城，索金□犒军时，宋政府回答，却说宫中金□器物已敛尽，余下只是一些漆器，答有金□胎、宋人岂有反而不知之理？至于图案布置艺术风格等，各仅就漆言漆，许多方面将难得尽解，谈不很透，易成附会。如能就同时宫廷工艺各部门加以综合分析，则无不可，望得到较深一层理解，……在这种比较广泛认识基础上来谈得失，谈发展，自然就有话可说，并且说得斤两相称，对得起这部门遗产，也不至抑扬过实，影响到其他写专题教材和写美术史的提法上辗转致误。因此我想这个文章即当成一般性说明，用到院刊上，能够较细心作些修改充实，还是比草草付刊好。所以不怕琐屑，将个人读后意见另纸录陈，供朱先生参考。只当成"普通读者中，也还有那么细心人，注意到文章中一字一句的轻重分量"，作者或者就不至于以为修改重抄过于费事了。

并□著安

沈从文

九月二十七日[31]

1961年，全国大专院校重新编写教材，调集十余位专家参加编写《中国工艺美术史》《中国陶瓷史》《中国漆工艺史》《中国染织纹样史》。这与沈从文在政协第三届全国委员会第三次会议上就美术史出版工作发表一份提案有关。

我在故宫博物院所存档案中，找到了1962年1月政协就沈从文的提案给文化部的回复：

文物各单位及美术出版社，今后出版新的图录，宜扩大眼光，从全局出发，特别是应当较多注意对于新的日用工艺品和特种工艺美术生产改进提高有显著帮助方面出发，考虑进一步加以安排。过去十年情形，似略偏重于一般性画册图录，能满足比较少数人爱好，和画家爱好，实无从满足数以十万百万计工人正在从事生产，而且有些还和外销具有密切关系的日用轻工业品美术设计和特种工艺品生产设计改进提高迫切需要（例如能帮助丝绸、陶瓷、漆器、雕玉、竹、木、牙、石、家具，及内销新的日用品搪瓷、玻璃、塑料等生产可以观摩取法，具有民族艺术健康活泼的花纹图案资料，编印得却很不够）。但是谈美术教学和生产改进，和万千工作艺师的艺术上的共同提高，却唯有把这些重要参考资料大量送到他们手中，才具有现实意义……㊲

沈从文是在1956年1月10日被增选为全国政协特邀委员的。4月17日，沈从文在致沈云麓信中说："政协参加后，还常有小会，和人民代表在一起开，如像过去参众两院小会情形，可听到些专家报告，也可听听些书生说自己事情。过去想不到的人都能见到。许多知识分子，似乎还少有人体会得到真正在建设这个国家的，是千百万工农生产努力，并不是旧知识分子。

但这些人还是主人翁一般，对工农并不会感到什么爱，也可说至今还缺少了解。……"㊱这意味着沈从文的"政治待遇"已经发生变化。进入故宫，他迎来了盼望已久的人生逆转。此时的他终于沐到了几缕春风，看到了几丝希望。

真正的春风，来自1956年1月中共中央在中南海怀仁堂召开的知识分子问题会议。在这次会议上，周恩来宣布："我国的知识界的面貌在过去六年来已经发生了根本的变化"，"他们中间的绝大部分已经成为国家工作人员，已经为社会主义服务，已经是工人阶级的一部分"。"因此，我们要又多、又快、又好、又省地发展社会主义建设，除了必须依靠工人阶级和广大农民的积极劳动以外，还必须依靠知识分子的积极劳动，也就是说，必须依靠体力劳动和脑力劳动的密切合作，依靠工人、农民、知识分子的兄弟联盟。"㊲

沈从文就这样在时代中转身，从革命大学中的被教育、被改造者，又被拉回到联盟中，成为一个平起平坐的阶级兄弟。他并没有被时代彻底遗忘和抛弃。他在给友人信中说："国家新的形势对于知识分子新要求，正如昨日周、郭诸领导同志报告所说到种种。文史研究也必然有一个总的大计划待实施。"㊳一个月后，他又写道："我在北京历史博物馆，听到传达周总理关于对待知识分子问题报告后，和馆中同事，都充满了一种说不出的心情。"㊴

沈从文的政协提案被采纳后，故宫博物院朱家溍先生作为美术院校编写组的成员，参与了沈福文主编的《中国漆工艺史》的撰写。20世纪60年代初，朱家溍先生被调到工艺美术部。吴仲超院长对他说："故宫藏品中，书画、青铜、陶瓷这三个门类现在都有专人在进行研究工作，藏品中占比重最大的明清工艺美术品，却只有保管而没人进行研究，这是一片空白，我想让你到工艺美术部进行研究工作。"⑩不久，朱家溍在初步研究的基础上，布置了两个前所未有的陈列室，一是按照《髹饰录》的系统，布置了一个漆器陈列室，另一个是结合文献材料，布置了一个珐琅器陈列室。

此前，王世襄先生已经披阅十载，于1958年完成了《髹饰录图说》书稿，朱家溍先生说："邀世襄来参加工作是十分合适的，但由于大家都知道的原因不可让他来。"⑪朱家溍先生所说的"大家都知道的原因"，是指1957年，王世襄已被划为"右派"。朱家溍先生坦诚地说，王世襄先生那本未被印行的《髹饰录图说》书稿（王世襄先生自费油印了200本，署名"王畅安"），成为教材的主要参考书，"尤其是明、清实例的描绘，往往整段地录引。教材《后记》没有提到世襄的名字，只笼统地说一句：'参考了不少近人有关漆器方面的论著，从中吸取了他们的研究成果'"。⑫

我从故宫博物院档案中找出的两份此前亦未见披露的朱

家潅便笺，其中一份写道：

> 去年编全国美术院校教材，沈福文主编（我不
> 考虑参加）漆器史，已将此文的重要论点和材料引
> 入并注明作者和篇名，以希望在书出版之先将此文
> 发表。昨天，文物出版要我审查院刊中一篇关于雕
> 漆的稿子，我问他们院刊稿子是否已发齐，他们说
> 尚未发齐，所以现在将此文送上，打算在本期发表，
> 不知唐老以为如何？
>
> 朱家潅[43]

1963 年，朱家潅又编写了《雕漆图录》，准备将序文在
《故宫博物院院刊》上发表。该档案中的另一份朱家潅便笺
写道：

> 这本图录于 1960 年经唐顾二位先生审阅，关于
> 概况及图片提了宝贵的书面意见。我非常同意这些
> 意见，已于 1962 年按照所提意见改写改编完毕，现
> 在再度提出请审查修改。
>
> 朱家潅[44]

唐兰在右侧批道："请老魏同志看一下并请提出意见。唐兰。"

我找到了王世襄、魏松卿所提的书面意见手稿，沈从文给唐兰的信，应当也是一份对朱家溍此文的专门意见。档案有一张便笺"连沈从文先生所提意见交朱家溍先生"，时间为1963年10月26日。

由此可以推断，前引沈从文致唐兰信，时间应为1963年9月27日。

六

王世襄先生的意见有两页稿纸，主要指出朱家溍先生此文"泛论多而具体分析少"，"如想抓住各时代的特征，似应从具体的比较入手"⑤，魏松卿的书面意见更短，只有从笔记本上撕下的一页纸，也提出"没有抓住各代雕漆工艺的艺术风格和技术特点"⑥。唯有沈从文洋洋洒洒，270格的稿纸，足足写了四页半，1200余字。尽管开头部分不失客套，但进入具体问题后，就变得"锱铢必较"了，丝毫不顾自己只是一个没有受到过专门的文物教育的业余选手——如他在1956年一份手稿中所写"只是个凡事一知半解的'假里手'"⑦，而朱家溍纵然比他小了整整一轮，却出身显赫，家学渊厚。他是宋代理学家朱熹的第25代世孙，高祖朱凤标，在清朝做过吏部、户部、兵部侍郎，体仁阁大学士，进了《清史稿》；曾祖朱其煊，官至山东布政使；祖父朱有基，官至四川按察副使；父亲朱文钧，在故宫博物院成立后，任专门委员会委员，负责鉴定故宫所藏古代书法、绘画、碑帖及其他古器物。其本人在抗战结束后正式成为故宫博物院的工作人员，1950年，已是故宫博物院陈列组组长。有一次，朱家溍和启功到故宫神武门门口，朱家溍对启功说："到您家了。"因为启功姓爱新觉罗，启功却笑答："到您家了。"因为紫禁城建于明朝，而朱姓正是明朝的皇姓。

但沈从文没有去理会这些，而是就事论事，提出诸多"值得商讨"之处，透露出他个性的纯真。他自己也说："到大都市几十年后，许多方面还像是个乡下人，处理现实生活缺少世故和机心。"[18]对于故宫博物院来说，沈从文带着他对中国古代服饰、织绣的深刻理解介入文物鉴定，无疑为此提供了一个新的视角。

比如顾恺之《洛神赋图》、展子虔《游春图》、顾闳中《韩熙载夜宴图》、韩滉《五牛图》等，都是故宫博物院的一些看家收藏。然而，对于它们的断代，沈从文都得出了与故宫专家不同的意见。他认为《洛神赋图》并非东晋时代的作品，最早也只在隋唐之间。理由是：

第一，洛神穿的衣服，不是汉晋式样，近北朝时。头上双鬟上耸发髻，史志明确记载，起于东晋末，流行于齐梁，名"飞天髻"。因此，顾恺之不可能未卜先知地画在洛神头上。

第二，男子侍从和驸马二人，头上戴漆纱笼冠，是典型北朝式样，比顾恺之的时代晚上百年才出现。

第三，驸马二人执弹弓前导，应是唐代制度，系贵族车乘出行，用弹弓压迫行人让路。唐制多本于隋，再早就没有发现。因此，这一车乘制度不是晋代的，而是隋唐的。东晋时，贵族出行多驾牛车，也没有警卫相随。

第四，双鬟髻只限于妇女使用。图中冯夷击鼓，却把冯夷当成女人，但又着男子鼓吏短装，不伦不类。显然是由不明白双鬟髻用场的后人所作。沈从文分析，从这个不应有的错误来看，此画可能比隋唐更晚，产生于五代以后，因为唐代敦煌壁画里的龙女天女，出现了这种双鬟髻。

第五，两位船夫衣着完全是北朝时北方劳动者的装束，裤管膝部加缚，具有时代特征。这一点，可以从敦煌画和龙门石刻中找到例证，晋代则没有这种式样。

沈从文举出上述证据，证明故宫藏《洛神赋图》只能产生于隋唐，不可能是东晋顾恺之之作。

对《韩熙载夜宴图》，沈从文则从器物角度出发，提出如下质疑：

第一，喝酒用的金银持壶注碗，是典型的北宋式，而且是北方所习用的。这种壶下有棱碗着温水，共成一套，当时名"注碗"，从北方出土的瓷器中可以得到印证，而在南方，没有见过。在宋画《文姬归汉图》、张瑀《文姬归汉图》以及被盗出国外的《文姬归汉图》、宋人绘《洛阳耆英会图》等宋代绘画中，都可以见到相同式样的酒器。

第二，床前有一条案，上置镜台，是典型宋式。下铺大花串枝牡丹锦，时间更晚，到北宋《洛阳花木记》《牡丹谱》等记叙"洛花"盛行时，才会反映到锦缎上。

第三，画中男人多衣绿，这与宋人所说"南唐降官淳化时还一律衣绿"相吻合。而《韩熙载夜宴图》描述的是李煜降宋以前南唐大臣们的淫靡生活，此时是不可能衣绿的。

第四，靠背椅的式样出现也晚。这种椅子因靠背平直展开，如宋代官僚平翅冠帽式样，而被称为"太师椅"，并不是太师才能坐的。如此可以确定，这幅画是北宋时宫廷画家依据传说而绘制的。⑲

类似的质疑，在这封致唐兰的信中再次出现。那个温文尔雅的沈从文消失了，倔强、执拗、不肯妥协的沈从文浮现出来。我没有找到朱家溍先生《雕漆图录》序文的原文，但从沈从文信的内容看，他在漆器工艺、图案、造型、风格、源流等方面提出的意见，旁征博引，以出土实例与文献相参照，不仅展现了他的学术风采，也显示出他治学态度的严谨。

沈从文夫妇，1985年9月（由中国现代文学馆提供）

无论与当时炙手可热的当红作家比起来，专心文物的沈从文显得多么弱势，他却始终坚守着内心的底线——在学术问题上，绝不含糊。他个性里的完美主义倾向，在文学之外得到了表达。在他心里，工作永远是一件庄严的事情。据黄永玉回忆，有一次，他为《新观察》杂志刻一幅木刻插图，一个晚上就赶出来，沈从文看见了这幅插图，专门找到他家里，狠狠地批评他："你看看，这像什么？怎么能这样浪费生命？你已经三十岁了。没有技巧，看不到工作的庄严！准备就这样下去？……好，我走了……"⑤⓪

沈从文去世后，巴金在悼文中写道："……争论曾一度把他赶出文坛，不让他给写进文学史。但他还是默默地做他的工作（分派给他的新的工作），在极端困难的条件下，一样地做出出色的成绩。我接到从香港寄来的那本关于中国服装史的大书，一方面为老友新的成就感到兴奋，一方面又痛惜自己浪费掉的几十年的光阴。"⑤①

表面上，新中国成立后的沈从文躲进旧物堆，采取了一种避世的态度。今天看来，这种看似消极的态度里，却暗含着强烈的进取精神。萧离用"宠辱不惊，守分尽职"⑤②八个字来形容他，沈从文自己则将此解释为："安于寂寞是一种美德。寂寞的人是充实的。"还说："寂寞是一种境界，一种很美的境界。"他通过默默无闻的工作，将现代学术的光芒，重新投射到博物院中。他也像一个孤独的水手，在挣扎与坚持中，体验了生命的壮阔。

2015 年 3 月—4 月 6 日

伯克利的张爱玲

一

在伯克利大学（University of California，Berkeley），张爱玲几乎是一个隐形人。这首先与她的体形有关。因为她的体形过于瘦小，在人群中，几乎没有人注意到她的存在。中国台湾学者水晶说她像艾米莉·勃朗特。有一次，我和威廉（Willam Schaefer）坐在安德鲁（Andrew Jones）的车上，饥肠辘辘，在黄昏的车流中，向旧金山一间小啤酒馆奋勇前进。我们谈起张爱玲。安德鲁指着路边走过的一个小老太太说，如果你能见到张爱玲，她就跟她一样。一个平常的老太太，毫不引人注意。

其次，张爱玲喜欢昼伏夜出，刻意地避开人群。据她的助手、学者陈少聪介绍，张爱玲通常是在下午到办公室，等大家都下班了，她仍留在那里。大家只是偶然在幽暗的走廊一角，瞥见她一闪而过的身影。"她经常目不斜视，有时面朝着墙壁，有时朝地板。只闻窸窸窣窣一阵脚步声，廊里留下似有似无的淡淡粉香。"①

当时的东亚研究所中国研究中心在校外办公，不在紧邻西门的现址。我在伯克利 Down town（下城）找到她当时待过的办公楼，是一座十几层的巧克力大厦，就在 Bart 车站边上，是这座朴素的小城最显赫的建筑之一。据安德鲁教授介绍，它的显赫地位至少已经维持了二十年。我向陈少聪问询了张爱玲当年办公室的位置。中国中心早已搬到富尔顿街 2223 号（2223 Fulton Street），那里现在变成一座银行。人们进进出出，点钞机衡量着每个人的幸福指数。一切迹象显示，这座大楼与张爱玲无关。

陈少聪与张爱玲同在一间办公室办公，只是那间办公室中间竖了一层墙板，被一分为二。外间是助手的，张爱玲在里间。所以，张爱玲每天不可避免地要与陈少聪打一个照面，她们互相微笑一下，或者点头致意，这种最低限度的交往，是她们每天必须履行的程序。后来，她们连此也嫌麻烦。每天下午张爱玲要来的时候，陈少聪干脆及时地躲开。

"我尽量识相地按捺住自己，不去骚扰她的清净，但是，身为她的助理，工作上我总不能不对她有所交代。有好几次我轻轻叩门进去，张先生便立刻腼腆不安地从她的座椅上站了起来，眯眼看着我，却又不像看见我，于是我也不自在起来。她不说话；我只好自说自话。她静静地听我嗫嗫嚅嚅语焉不详地说了一会儿，然后神思恍惚答非所问地敷衍了我几句，我恍恍惚惚懵懵懂懂地点点头，最后狼狈地落荒而逃。"②

二

　　1952年，感到前途渺茫的张爱玲离开上海，只身来到深圳罗湖桥，准备从此进入香港。这里是上海到香港的陆上必经之途。罗湖桥的桥面由粗木铺成，桥的两端分别由中英两方的军、警岗把守。香港警察把入境证拿去检查时，张爱玲和一起出走的人群眼巴巴地长时间等待。在他们的焦急与无奈面前，香港警察不失时机地表现了他们的傲慢。他们若无其事地踱步，心态悠闲。有一名中国士兵见状，走到张爱玲身边，说："这些人！大热天把你们搁在这儿，不如到背阴处去站着吧。"张爱玲转头看他，那个士兵穿着皱巴巴的制服，满脸孩子气。人们客气地笑了笑，包括张爱玲在内，没人采纳他的建议。她紧紧贴在栅栏上，担心会在另一端入境时掉了队。这是张爱玲最后一次体会来自同胞的温暖。③那条看不见的边界，从此把张爱玲的生命分为两截。上海公寓里的流言与传奇，在她身后，被铺天盖地的标语和口号迅速淹没。

三

如同默片里的人物，张爱玲很少发出声响。即使在办公室，她在与不在也几乎没有区别。她把自己视作一件珍宝，秘不示人。她与外界的联系大多通过纸页进行，连电话都很少打。陈少聪说，每过几个星期，她会将一沓她做的资料卡用橡皮筋绑好，趁张爱玲不在的时候，放在她的桌上，上面加小字条。"为了体恤她的心意，我又采取了一个新的对策：每天接近她到达之时刻，我便索性避开一下，暂时溜到图书室里去找别人闲聊，直到确定她已经平安稳妥地进入了她的孤独王国之后，才回到自己的座位来。这样做完全是为了让她能够省掉应酬我的力气。""除非她主动叫我做什么，我绝不进去打搅她。结果，她一直坚持着她那贯彻始终的沉寂。在我们'共事'将近一年的日子里，张先生从来没对我有过任何吩咐或要求。我交给她的资料她后来用了没用我也不知道，因为不到一年我就离开加州了。"④

对于伯克利来说，张爱玲既存在，又不存在，就像2006年秋天，在伯克利，我可以找到她，又找不到她。她在伯克利大学两年的时间内，完成她的研究工作，并撰写了论文。但很少有人看见过她。我询问过当年在中国研究中心和东语系工作过的教授，并得到印证。1971年，她的上司陈世骧去世，张爱玲参加他的葬礼，是她在伯克利屈指可数的公开露面。但她只待了几分钟，就匆匆离去了。对于很多人而言，张爱玲只是一个名字，而不是身体。

张爱玲是一个不可救药的字条爱好者。胡兰成第一次去见张爱玲，在上海静安寺路赫德路口192号公寓6楼65室，张爱玲不见，胡只得到她从门洞里递出的一张字条。他已经很幸运了，因为张爱玲连字条都十分吝啬。近三十年后，水晶前往张爱玲在伯克利的公寓拜访，张爱玲坚持不开门，后来几次打电话，张都不接，最后允诺会给他写张字条，而字条，也终于没有来。

在美国与她书信交往最多的是庄信正，是他介绍张爱玲到伯克利大学中国研究中心就职的。庄先生1966年在堪萨斯大学攻读博士学位时初识张爱玲，自1969年张爱玲迁居加州，至她辞世的二十多年间，举凡工作、搬家等重要事宜，都托由庄信正代为处理。即使如此，他们的联络也基本依靠书信维系。2006年11月，林文月先生在加州奥克兰她的山中别墅内，把庄信正刚刚在台湾《中国时报》上选发的这些书信拿给我看。分别以《清如水、明如镜的秋天》和《张爱玲与加大"中国研究中心"》为题，在2006年9月4日、5日，以及10月6日《中国时报》上发表。每次几乎发表一个整版，除原信外，还配有庄先生的笺注。同时还配发了这批信的手稿照片。据庄先生透露，张爱玲使用的信纸通常是白色洋葱皮纸（onionskin），当年主要为打字机用，最后有几封信的用纸是深黄色。或许应该庆幸张爱玲的癖好，她的沉默反而使她的话语得以保留，那些信仿佛尘封已久的老唱片，使我们得以想象和重温她的声音。

四

张爱玲爱上了苦行僧一样的生活，并且因此而上瘾。锲而不舍的水晶最终成为为数不多的进入过她的居所的人，他对她生存环境的描写如下："她的起居室有如雪洞一般，墙上没有一丝装饰和照片，迎面一排落地玻璃长窗。"⑤ "张女士的起居室内，有餐桌和椅子，还有像是照相用的'强光'灯泡，惟独缺少一张书桌，这对于一个以笔墨闻世的作家来说，实在不可思议。我问起她为什么没有书桌？她回说这样方便些，有了书桌，反而显得过分正式，写不出东西来！……不过，她仍然有一张上海人所谓'夜壶箱'，西洋称之为'night table'的小桌子，立在床头。她便在这张夜壶箱上，题写那本她赠送给我的英文书《怨女》。"⑥给我印象极深的是"雪洞"的比喻，有一种尖锐的肃杀感。我不止一次路过她的公寓，在杜伦特街（Durrant Avenue）上，有时透过密集的法国梧桐，望一眼她的窗。我没有前去叩门。窗亮着，但她不在。

"第二天我去看张爱玲。她房里竟是华贵到使我不安,那陈设与家具原简单,亦不见得很值钱,但竟是无价,一种现代的新鲜明亮几乎是带刺激性的。阳台外是全上海在天际云影日色里,底下电车当当的来去。张爱玲今天穿宝蓝绸袄裤,戴了嫩黄边框的眼镜,越显得脸儿像月亮。三国时东京最繁华,刘备到孙夫人房里竟然胆怯,张爱玲房里亦像这样的有兵气。"⑦

这是胡兰成四十多年前的话⑧,像是说另一个人,也叫张爱玲。前世今生。前世的张爱玲对都市的繁华充满眷恋,而且这个都市只能是上海,不能是香港或者广州,当然,更与美国西海岸的某个遥不可及的城市无关。张爱玲自己也说:"我不想出洋留学,住处我是喜欢上海。"⑨在《公寓生活记趣》里,张爱玲把她对上海的眷恋如实招来:"公寓是最合理想的逃世地方。厌倦了大都会的人们往往记挂着和平幽静的乡村,心心念念盼望着有一天能够告老归田,养蜂种菜,享点清福。殊不知在乡下多买半斤腊肉便要引起许多闲言闲语,而在公寓房子的最上层你就是站在窗前换衣服也不妨事!"⑩

五

张爱玲最好的日子全部叫胡兰成带走了。他们最好的日子是在沪上的公寓里,"墙壁上一点斜阳,如梦如幻,两人像

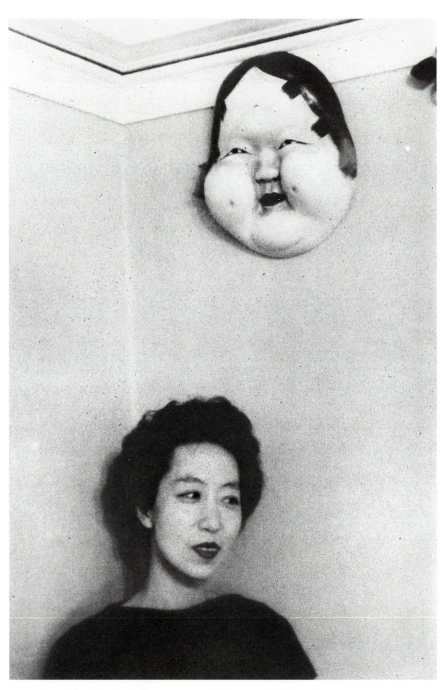

张爱玲在美国旧金山家里，1961年（由皇冠文化集团提供）

金箔银纸剪贴的人形"。⑪1944年，张爱玲与胡兰成结婚，婚书上写："胡兰成张爱玲签订终身，结为夫妇，愿使岁月静好，现世安稳。"有点像决心书，对纷乱的世道，同仇敌忾。这并不容易，何况胡兰成还是才子流氓帅哥官僚汉奸的混合体。夫妻本是同林鸟，大难临头各自飞。张爱玲却有"对人生的坚执"⑫，说："那时你变姓名，可叫张牵，又或叫张招，天涯地角有我在牵你招你。"⑬后来胡兰成"飞"到温州躲起来，并迅速另觅新欢。张爱玲来了，"在船上望得见温州城了，想你就在那里，这温州城就像含有珠宝在发光"⑭。胡兰成照例委蛇周旋。张爱玲是描写心计的大师，但她却从不具备实践经验，她的努力注定失败。第二天，失望的张爱玲乘船回上海。数日后，胡兰成接到张从上海的来信："那天船将开时，你回岸上去了，我一人雨中撑伞在船舷边，对着滔滔黄浪，伫立涕泣久之。"⑮

六

"张爱玲来美国时默默无闻。全美国没人知道她。"我对安德鲁说。坐在汽车后座上的威廉插嘴："我们同张爱玲一样。"我疑惑地看他。他说："首先，因为我们在美国；其次，全美国没人知道我们。"我们大笑。

1955年秋天，张爱玲夹杂在一群难民中，乘"克利夫兰总统号"（President Cleveland），驶向一片未知的大陆。她在中国的全部影响被宣布过期作废。没有人知道这个瘦弱的中国女人身上发生过什么。凭借新罕布什尔州的麦道伟文艺营提供食宿，她度过了生命中最寒冷的冬天。她抓紧这几个月的时间进行写作，以换取稿费。不知这一境遇是否出乎张爱玲的预料，不过对此，张爱玲小说中已早有预言："人生是残酷的。看到我们缩小又缩小的，怯怯的愿望，我总觉得有无限的惨伤。"在此，她认识了她未来的丈夫、潦倒诗人赖雅（Ferdinand Reyher，1891—1967）。他们结婚，有了一个家，并维持着最低限度的生活。至少从表面上看，他们的婚姻是令人费解的，没有人相信他们的婚姻会成功。他们的差距一目了然：张爱玲三十六岁，赖雅已六十五岁；张爱玲理财精明，赖雅花钱如流水（他曾经资助过著名的布莱希特）；张爱玲对左翼思想毫无兴趣，赖雅却是激进的社会主义者。两人的共同点只有一个：都没有固定收入。他们经济拮据到连买床单、窗帘都成了奢望，但他们却始终相依为命，一直持续到1967年赖雅去世。赖雅瘫痪在床时，是张爱玲为他伺候大小便。此时，那个患有严重洁癖的贵族小姐已经消逝无踪。

她可能已忘记，就在十多年前，她曾对胡兰成表达她对西方人的恶感："西洋人有一种阻隔，像月光下一只蝴蝶停在戴有白手套的手背上，真是隔得叫人难受。"⑯

赖雅死后，张爱玲得到了伯克利的职务，那一年，她已四十九岁。

七

张爱玲坚持不与人交往。水晶送书给她，她退回来。张爱玲生病，陈少聪去探望，知道她不会开门，便揿了门铃，把配好的草药放在门外地上。几日后，陈少聪上班，发现自己书桌上有一个字条，是张的笔迹，压在一小瓶"香奈儿五号"香水下面，字条写着："谢谢。"胡兰成说："她是个人主义的，苏格拉底的个人主义是无依靠的，卢梭的个人主义是跋扈的，鲁迅的个人主义是凄厉的，而她的个人主义则是柔和的，明净。"⑰

她在伯克利的工作十分吃力。陈世骧认为她没有像她的前任夏济安和庄信正那样，"遵循一般学术论文的写法"，"而是简短的片段形式"（见 2006 年 10 月 6 日台湾《中国时报》），因此，她的"论文"始终难以发表。只有夏济安的弟弟夏志清极早地发现了张爱玲的才华，1961 年，他的《中国现代小说史》由耶鲁大学出版社出版，其中，为张爱玲设一专论。他写道："对于一个研究现代中国文学的人来说，张爱玲该是今日中国最优秀最重要的作家。仅以短篇小说而论，她的成就堪与英美现代女文豪如曼殊菲儿（Katherine Mansfield）、安泡特（Katherine Anne Porter）、韦尔蒂（Eudora Welty）、麦克勒斯（Carson McCullers）之流相比，有些地方，她恐怕还要高明一筹。"夏济安在台北的《文学杂志》上翻译了这段论文，20世纪60年代末期，张的小说才开始在台湾重获出版。

八

我晚于张爱玲三十七年到达伯克利大学中国研究中心，所以，我没有见到过她。如果早来三十七年，我同样不可能见到她。这样想着，心里安慰了不少。但这并没有妨碍我向她靠近。我开始寻找与她有关的蛛丝马迹，我相信这样不会打扰她。我的成果是显著的——首先，我根据庄信正发表的张爱玲信中的地址按图索骥，找到了她在杜伦特街的旧居（2025 Durrant Av.Apt.307／Berkeley，CA94704）；进而，找到了她当初在旧金山的旧居，地址是布什街645号（645 Bush Street，SFC），这令我大喜过望。很多当地人，包括研究中国文学的安德鲁教授，对此一无所知（安德鲁，这位伯克利大学东语系的名教授，是张爱玲小说的英文译者），所以，当我向他透露这一点的时候，心里多少有些自鸣得意。我们开车，呼啸着，从布什街上驶过。我透过后视镜往回看，有两个陌生的外地人，就站在那幢红色公寓楼的门前，按响门铃。他们身边的地上，放着大大小小数件行李。女人是中国人，身材纤细；男人是白人，行动迟缓，老，而且胖。

1959年4月，张爱玲和丈夫赖雅乘廉价的"灰狗"巴士（Greyhound Bus），自洛杉矶迁居至旧金山。先在鲍威尔街（Powell Street）一家小旅馆中落脚——我每次乘BART从伯克利去旧金山，都在这里下车——后在这里租到一间小公寓。他们在此住了很久，一直到迁居伯克利。

我找到那幢房子的时候，天已经开始黑下来。深秋季节，旧金山的黄昏来得早，似乎有意掩盖过去的细节。但是，当我看到布什街的路牌，我的心就踏实下来。对我来说，那个路牌并非指向一个上坡的狭窄街区，而是指向将近五十年前的时光。建筑在黄昏中变得模糊，让人想起"三十年前的月亮"，像朵云轩信笺上落的泪珠般陈旧而模糊的月亮。"三十年前的月亮是欢愉的，比眼前的月亮大、圆、白；然而隔着三十年的辛苦路往回看，再好的月色也不免带点凄凉。"⑱那幢红砖盖成的老式公寓很像旧上海的房子，有着简洁的窗饰与门饰。门是落地玻璃，趴在门上会看到楼梯和走廊。门口有几级台阶，躲在门洞里，可以避雨。走廊里简洁、朴素、雅致，正像张爱玲希望的。她将在此与她最后一个丈夫生活十年，然后，离开。

九

安德鲁面色潮红。对啤酒和文学，他有着精确的味觉。我并不习惯美国生啤，但还是一饮而尽。

张爱玲在丈夫去世二十八年后死去。这意味着她独居了二十八年。那一年是1995年。我在上班的路上，读到这个消息。我忘了自己当时想了些什么。回忆起来，这则消息在当时没有引起太大波澜。一个旧日的作家死了，仅此而已。

《倾城之恋》之后的张爱玲，过着怎样的日子，对我们，并不重要。

后来我才知道，她在公寓里死后好几天，才被邻居发现。她死的时候，家徒四壁，房间里几乎没有家具，一盏白炽灯泡，连灯罩都没有。没有书，包括她自己的书，以及她最喜欢的——《红楼梦》。

胡兰成曾经对张爱玲的房间深为赞赏，说她喜欢刺激的颜色。"赵匡胤形容旭日：'欲出未出光辣挞，千山万山如火发'，爱玲说的刺激是像这样辣挞的光辉颜色。"[19]

2006年11月12日雨夜　写于伯克利

地不老，天不荒

一

　　1993年，六十八岁的黄宗英与八十岁的冯亦代大婚，携手"走进新时代"，婚礼上，介绍恋爱经过。这一标准程序，自然不能省略。冯亦代先生在《归隐书林》一书的后记中交代："恋爱的事情说简单也简单，说复杂就复杂，但我们究竟不是凭父母之命，媒妁之言凑成的婚姻，我们是经过了青春再现的黄昏恋，自与青年人的崎岖曲折的初恋不同，但人已濒临黄昏，那恋爱的经过也不免有逊于年轻人，而无惊有险或有惊无险，都不可与黑发人作同日语。可又不能用记者招待会主持人的口吻说声'无可奉告'，令热切的老友们失望。"倒是黄宗英一句戏言，打破沉闷，她说："明年我们决定给你们看一个胖娃娃。"令举座皆惊。其实戏言不戏，因为黄宗英所说的"胖娃娃"，指的是二人作品的合集。冯老在那一篇后记里亦曾写道："我们曾经历尽人世的坎坷与欢欣，老来唯愿远离名利、归隐书林。自此息影七重天上，以读书写文自娱；伴山伴水伴书窗，正是我们之梦寐所系。"

冯亦代与黄宗英合影（由中国现代文学馆提供）

"七重天"，是冯亦代在北京的寓所，高居一座塔楼的七层。我曾在一张照片上看到两位老人在此写作的身影，但是当我第一次走进这间书房，我还是被它的小吓住了。黄宗英称它是"乌篷船"般的小屋："小屋狭小得两人走动必须礼貌让路，三人坐着就'满座'了，再来客就'佛堂里做功课'——'活佛'坐床'居士'盘腿了……"临窗有写字台一张，高背皮椅一把，那是属于男主人的，上面堆满了书报、文稿、资料。黄宗英被侵略，写作时被赶到沙发上，移来小桌一张，铺上花台布，成为一张临时的书案。他们时常这样同向而坐，像小学生做作业，一丝不苟。

老翻译家符家钦先生曾对我讲起冯亦代、黄宗英写作比赛的故事。他说："都这把年纪了，拼个什么嘛！"他们对此置若罔闻，每天五点多钟就起床，伏案疾书。从黄宗英所记1993年11月6日至1994年2月28日的"百日发稿记录"来看，赢者非冯亦代莫属。战无不胜的冯亦代，衣食无忧，可全身心投入于写作，除做自创的健身操，看早间电视，用早点之外，其余时间全用在写作上，而黄宗英则恪尽主妇之责，筹划一日生计，有时保姆不在，她只好将笔墨请进厨房，写作、家务两不耽误，这使他们的写作竞赛具有了某种不公平竞争的意思，但黄宗英对此并不介意，至少，这给了她展现大度的机会。

二

1994年春，七十高龄的黄宗英担任北京电视台《大拐弯》一片的主持人，随剧组第三次入藏。临行时，她在家中扭伤了双足韧带，她隐瞒了这一事实，悄然踏上行程。"前几天还在一一五医院的病床上翻个身都要哼哼吁吁好一会儿，昨晚竟安安稳稳地睡在西藏波密岗乡自然保护区的林中帐篷里了。山泉哗哗流淌，小雨点儿淅淅沥沥敲打着帐篷顶为我们催眠……"黄宗英后来在散文里这样记录。在高原，缺氧症复发，"在邻近雅鲁藏布江大拐弯的世界最深峡谷处，曾昏迷两个昼夜，刚能下床又走马悬崖，失了前蹄"（冯亦代语）。5月31日，从拉萨返京，被直接护送进首都医院，在病榻上，一卧就是半年。她微血管变形，用黄宗英自己的话说，"排着队打了'大花苞'"，如同她和"摄制组随科学家徐凤翔的植物生态考察队行经的雅鲁藏布江大拐弯天险"，"四肢的麻痹和疼痛症状"使她难以写作，这对一个作家来说是莫大的痛苦，她叹道："可惜，此番去西藏一个多月，笔记本上只记了三张半纸。我时时追忆我在阴阳缥缈之际，都迷迷糊糊想过什么，见到些什么。不能走动时的想望，是很醉人的。"有人问，冯亦代为什么不阻拦他妻子七十岁了还往海拔五千米的高原跑？

冯亦代答："如果我的年龄从八十一岁倒写为一十八岁，我也会和他们一起到西藏去的，所以我决不会做小妹的绊脚石。"

一年多后，他们的"胖娃娃"如期问世，而且是"双胞胎"。他们二人的作品合集《；——命运的分号》和《归隐书林》，于1995年6月，分别由江苏文艺出版社和上海文艺出版社同时出版。我到"七重天"看望他们的时候，黄宗英又将她那本列入中国对外翻译出版公司"紫丁香文丛"的散文随笔集《半山半水半书窗》赠我，扉页写下："祝勇小友正。宗英。1996年1月，北京。"

我把萧乾老人用来出书的一些照片拿给他俩看。其中"二战"期间在欧洲拍摄的照片堪称珍贵，还有几张未冲印的底片。黄宗英看着照片，问冯亦代："北京的抄家比上海仁慈许多，是不是？我们的都没了，我和赵丹的那些照片，全都被抄走了。"

三

黄宗英并不回避赵丹这个名字，冯亦代也不回避郑安娜，到这个年龄，人就活得透明了。黄宗英那一篇《快乐的阿丹》，真令人击节三叹。好一个执着于艺术的赵丹——常常与导演就某个镜头的艺术处理争执不下，导演说："我下次再不找你演戏了。"赵丹也回他："下次你导的戏，说什么我也不干。"不等下次，他们又共同迷醉于新的艺术构想中，彼此都'非他不可'了。"（黄宗英语）好一个疾恶如仇的赵丹——张春桥在宴会上搭讪着跑过来找赵丹碰杯，赵丹"'啪'地放下酒杯坐了下去，扭过头，正眼也不瞧他"。好一个热心坦诚的赵丹——他癌症晚期，还为医生、护士、洗衣工，还有许多熟悉和陌生的朋友作画，被送往首都医院前，还说："还有一位电梯工人的画，没完成，不行。"好一个快乐的赵丹——"四人帮"召开万人大会批斗他，他时常逗得大家哄堂大笑，使批斗无法进行。一位朋友对我讲，三十年前，他前往上海人民广场，观赏批斗赵丹。群情激愤中，他看到那张著名的脸。他一直挤到赵丹面前，给他挤个跟跄。赵丹低头，小声对他讲："别挤，挤掉了高帽，他们会打我的。"语气中包含戏谑、无奈、不屑等多种复杂成分。我没问黄宗英那天是否在场，怕触痛她。黄宗英写道："他身上长着刚直的骨，快乐的筋……快乐的赵丹，一绝！"而冯亦代回忆亡妻郑安娜，平朴中亦见深情。那个在沪江大学一泓池水边扮演莎剧《仲夏夜之梦》中小精灵帕克的郑安娜，那个在冯先生办报受挫时给他莫大鼓励的郑安娜，那个坚持不与"罪行严重"的"右派分子"冯亦代划清界限的郑安娜，那个被造反派夺去一只眼睛的郑安娜……《；——命运的分号》一书中有冯老大学时代初次到郑安娜家的黑白照片，照片上的人物表情安详，带着一丝淡淡的欢欣，给人一种时光静好、岁月无惊的感觉。往事不堪回首，极司菲尔路静安寺路柳迎村那个喝茶的午后，似被永远定格在纸页上，在记忆深处，只有郑安娜家"吹得人醺醺然"的穿堂风，能够将它掀动。

黄宗英第三次赴藏，出发那个早上，想的是和冯亦代一起为赵丹、郑安娜各上一炷香。冯亦代说："我早准备好了。"又叮嘱黄宗英，一路小心，记住自己已是七十老人，而不是十七少女。

青春已去，华发已生，他们在时间中负隅顽抗。他们似乎仍然相信着什么，在最后的时光里，抓住它。

1996 年 2 月 7 日—8 日
2009 年 7 月 29 日改

张仃的画梦

一

在延安，胡考先生与张仃爷爷在一起谈话，胡考问张仃："如果全国解放了，你去干什么？"张仃回答他："找一个地方，种几亩地，然后，画画。"

2007年深冬，我坐在黄苗子先生的客厅里，听他谈到这段往事时，我们都哑然失笑。这是爷爷说的话，没有第二个人会说出这样的话。爷爷在六十多年前就开始奉行简单主义的人生准则，但历史的各种变局，令他应接不暇，为这个看似简单的目标，爷爷差不多付出一生的努力。

这句话，应该是胡考告诉苗子先生的。六十多年过去了，我想，连爷爷自己都忘得一干二净。他是一个简单的人，简单到只剩下画，此外，他的大脑中一无所有，包括他的个人史。有时我们当着他的面，讲他的荒唐事，笑得我们前仰后合，他却露出一副事不关己的神情，对我们的幸灾乐祸不屑一顾。常常要借助我们的提醒，他才能回忆起那些细枝末节。

有时，灰娃奶奶给他讲他的故事，就像讲别人的故事一

054

样，循循善诱。

爷爷并非患有健忘症。我在山里陪爷爷住时，有时外出，很晚才回来，爷爷则会坐在客厅里固执地等我。等我回来，他才肯上楼去睡。

别人的事情，他都记得清楚。谁也骗不了他。他只是对自己的事情漠不关心。

所谓遗忘，皆归因于记忆的选择性。记忆是挑剔的，喜欢挑肥拣瘦，并非对所有的事物都一视同仁。我们能记住什么，取决于我们希望记住什么。通常情况下，记忆是本着趋利避害的普遍原则选择事件的。也就是说，那些对自己有利的记忆常常受到鼓励。于是，那位夜访钱锺书先生的魔鬼断言："你要知道一个人的自己，你得看他为别人做的传；你要知道别人，你倒该看他为自己做的传。自传就是别传。"①

爷爷很少去回忆，他在文章里只谈艺术，对个人的往昔守口如瓶。这给我们了解这位世纪老人的个人史制造了难度。

关于他自己，他并不比别人更清楚。

他更像一个旁观者。点燃一根火柴，看它慢慢燃烧，直至熄灭。

或许，他记忆里只有火光。

不要问他与画画无关的事情。

张仃（由作者提供）

画画之外，他一无所知。

他的口头语："想不起来了。"

2009 年，我做北京电视台大型纪录片《我爱你，中国》总撰稿，想把他请到演播室做采访，做了半天动员，软硬兼施，连哄带骗，把爷爷骗到电视台，只说了几句，他发现上当了，就"封口"了，打死也不说。

主持人问："张老，您再想想？"

他说："记不清了。"

主持人问："张老……"

他的回答永远只有一句："记不清了。"

他并非说谎，关于他自己的经历，许多真的是他"记不清"的。我们必须像考古一样，把所有与他发生过勾连的零散岁月，一点点清理出来。

二

"天快黑了，我们早点回去吧。天黑以后，路上有土匪。"

说这话的时候，爷爷已经快九十岁。

我们相视一笑，觉得爷爷实在可爱。

爷爷四岁那年，在自家的大黑门上用彩色粉笔画了一幅画，竟是一幅《出丧图》，是他根据对于丧事的印象完成的，笔画繁密，人物惟妙惟肖，所有经过的人都要放慢脚步，仔细打量。先是打量画儿，赞不绝口；再是打量人，啧啧称奇。爷爷小时候个子很小，站在漆黑的门边儿，根本不起眼，找半天才能找到。但镇上的人们都喜欢他，知道他能画，不时把他抱起来亲两口。

爷爷早在四岁的时候就尝到了小名人的滋味，但好景不长，那幅《出丧图》被太爷爷看到了，狠狠地打了他。太爷爷那时是镇上的教书先生，那天他刚好从外面回来，看到这幅画，勃然大怒，像拎小鸡一样，拎着爷爷的脖领子往院里走。爷爷觉得自己在空中滑翔了一段之后，重重摔到正房的砖地上，小脸蛋儿跟砖地亲了一下，擦出一块红印子。太爷爷随手把一只茶碗掼在地上。那只茶碗带着一声怪叫粉身碎骨。太奶奶闻声出来，对着发怒的丈夫瞠目结舌。太爷爷叫道：

"这个丧门星，居然在家门口画这么丧气的画，看我怎么整治他！"

太奶奶蹲下去，把爷爷搂在怀里，说："孩子懂得什么，看你把孩子吓的！"

太爷爷年轻的脸已经变形，说："他这是在咒我们全家！告诉你，以后不许他再碰画笔！"如果我们能够重返爷爷童年时的旧宅，我们应该能够从那些斑驳的老墙上辨认出他最初的作品。我曾去过凤凰，在黄永玉先生的老宅里住过。古椿书屋的墙上，留着他早年的墨迹——是他最早发表的作品，稿酬是父亲黄玉书的一顿拳头。一切都是老样子。那幅画，还停留在原来的位置上。仿佛他的童年时代，一直没有结束。

爷爷的老宅已经不复存在。爷爷的童年被深隐在黑暗中。但爷爷后来的一切都是从那个时刻衍生来的，经历了岁月的滋养，日复一日地，长成一棵老树。

三

我有时觉得，爷爷从一开始就被置身一个巨大的悖论中。他想画画，为艺术献身，但这个梦想在时代的伤口面前是那么微不足道。救国，不是政治宣言，是一个求生者的本能反应。像《义勇军进行曲》唱的："每个人被迫着发出最后的吼声。"

后来，黄苗子先生在论及爷爷的老师张光宇时写道："战火和政治逆流，就是这样把一个……画家，从一个幻想的象牙之塔中赶出来，逐渐改造成一个为祖国为人民而拿起笔杆的民主战士。"[②]

或许，这是时代强加给艺术家的规定性成长。

2007年春天，我在北京通州万荷堂的桃树下与黄永玉先生谈论那代人。他讲到郁风。那时，郁风，那个话多的老太

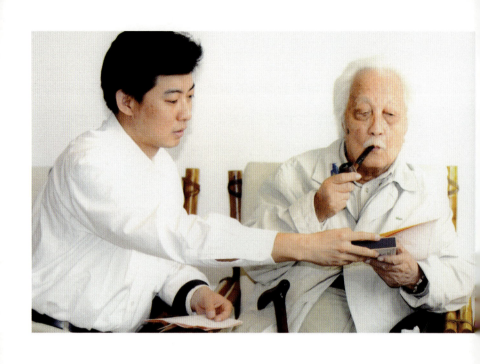

张仃与祝勇，2005 年（由作者提供）

太，刚刚离世。她一生快乐，所以我们也无须为她的离去哭哭啼啼。黄永玉开她的玩笑，说她贪小便宜……他问我能不能写，我说，能写，写出来，她将更可爱。他说到她年轻时代，后来，写在文章里：

纯粹的艺术固然大有搞头，但对于郁风这位坐不住的大家闺秀肯定不能满足。不知什么机缘，她混上了张光宇、叶浅予为首的漫画界那一个凝聚生动的梁山水泊。

当时这一帮人都不算老，在《时代漫画》和《上海漫画》杂志为中心的圈子里，艺术表现上模仿着外国漫画，而以批评时弊为己任。成员天才横溢，大多是出身于底层社会之失学青年，张乐平、叶浅予画广告，张文元画民间油漆马桶澡盆。至如陆志庠念过苏州美专，郁风念过中大美术系，叶浅予念过短时期的光华大学，蔡若虹念过上海美专，那简直是正统中之正统，凤毛麟角之凤毛麟角了。

这一群横空出世风格各异的漫画家使出的招数，既非任伯年吴昌硕的门墙，当然更不是徐悲鸿和刘海粟的庙堂。倒是跟鲁迅先生创导、关心的木刻艺术的命运走到一起。抗日战争一开始，进步的文化界流行了一个艺术概念："漫、木"，指的就是漫画和木刻这两个紧贴着现实大义的艺术群体。[3]

许多人都是从"漫、木"中找到了自己的路。爷爷是漫画，黄永玉是木刻。

爷爷起步于漫画，在延安，乃至建国时期，又搞实用美术，为新中国设计国徽，后来做中央工艺美院院长，离他的画画梦，似乎越来越远。1949年，开国大典前，作为开国大典总美术师的他，站在天安门城楼上，向远处眺望，他会想到什么？是否，与国家的梦想相比，个人的梦想显得无足轻重？

直到晚年，他才能摆下画案，安心画画。

四

奶奶说，爷爷被宣布退休的时候，他高兴得在地上打了一个滚。

新中国建立，从延安走来的爷爷承担了包装新中国的任务。按爷爷后来不无戏谑的话说，就是为国家办"红白喜事"。在建国初期，昔日激愤和忧郁的漫画家，也沉浸在革命成功的大喜悦中。他看到了山河一片红，也看到了欣欣向荣的希望。也就是说，爷爷早在抗战漫画阶段所表达过的沉甸甸的希望，经过多年的努力终于实现了。爷爷于是应周恩来之邀住进中南海，负责对怀仁堂、勤政殿的改造，并愉快地承担了设计中华人民共和国国徽和政协会徽，以及开国大典的天安门城楼设计装饰的重任。

此后，他成为中央美院实用设计系，以及后来的中央工艺美术学院的负责人。

终于，他退休了，不必再为恼人的行政工作分神了。

可以画画了。

为这一天，他等了大半生。

张仃爷爷九十多岁了，口头语还是：我是个小学生。

我一笑：谁能教他？放眼20世纪的中国，艺术界再也找不出一位像张仃这样百科全书式的大师——早年悲郁沉雄的抗战漫画；开国时承担的国徽、政协会徽和一系列开国邮票、宣传画的设计，以及天安门城楼、新华门、中南海怀仁堂等建筑装饰设计；20世纪50年代被称为"山水画革新里程碑"的水墨写生；60年代"毕加索加城隍庙"的装饰绘画；七八十年代首都国际机场、长城饭店、北京西直门地铁站、贝聿铭设计的香港中国银行大厦等处的巨幅壁画，以及《哪吒闹海》等动画片；晚年风骨峥嵘、意境苍茫的焦墨山水以及炉火纯青的篆书书法……中国的现当代艺术史，没了张仃，不知该怎样书写？他不是在画画，他用艺术调整了我们观看世界的目光和对待生命的态度。他不是一个"paint-er"（画家），他是一个"artist"（艺术家）。

所以，爷爷绝对是当今中国值得珍藏的一位精品老头。2009年5月，我帮助故宫博物院策划的爷爷的回顾展，故宫确定了一个名字"丘壑独存"，我喜欢这个"独"字——他心中的丘壑、我们心中的他，都是独一无二的。

但他还是把自己当作一个小学生，好好学习，天天向上。我对他说："我要写你。"他很诧异，反问："我有什么好写的？"他觉着自己什么还都没有开始做。一生的时间太短，不够用。

有人写文章，自称国徽设计者；也有些人在写文章时习惯性地把梁思成当成国徽设计者。我把报纸举到他面前，他甚至不愿意看一眼。在他眼里，那只是共和国六十年前托付给他的任务，他完成了，仅此而已。

如果说"炒作"，没有人比他更有"可炒性"，但他对此从来没有丝毫兴趣。

他不关注自己，也不愿意引人关注，认为这种关注，无论对自己还是对别人都是一种麻烦。他身材矮小，神情质朴安详，从来不往聚光灯下面站。20世纪30年代的上海，张光宇一见到他，就称他为"小赤佬"。1976年，黄苗子和郁风去香山看望养病的张仃，他们向村子里的孩子们打听张仃，没

张仃在写生（由作者提供）

有人知道，又向他们打听一个白头发的画画的小老头，孩子们都知道，争着给他们领路。所谓物以类聚，人以群分，再看这矮人身边的一班朋友，吴祖光、黄苗子、丁聪，也个个"矮人一头"，把他们称作"小老头儿"，不能算恶毒攻击。但爷爷喜欢"小老头儿"这一身份，这一属于普通者的、非权力化的身份让他心里踏实，他不做"大师"状，不挂"某某大师工作室"的招牌，这是一种大自由。他心底无私，看轻自己，看重艺术，所以我们才能从他的身上感觉到力量，一种精神上的强大，无论尘世中有多少身体遮挡他的面孔，他那张白发飘然、风神俊朗的面孔，都会脱颖而出，不由我们不叫好，像陈丹青，见张仃的第一面，就忍不住说："好样子！"陈丹青是面孔鉴赏家，专门写过一篇解读文人相貌，对他们"品头论足"的文章——《笑谈大先生》，他说的"好样子"，是指风神，是从那张磊落的脸和粗布的衣裳里发散出的气蕴，像陈丹青崇仰的鲁迅："长得真好看！"但他们的相貌，都不是"长"出来的，而是他们精神的冰山露在外面的那一角。一个人的内心怎样，他的脸就会怎样，藏不住的。陈丹青说过一句话，令我难忘："'文革'后第一届文代会召开，报纸上许多久违的老脸出现了：胡风、聂绀弩、丁玲、萧军……一个个都是劫后余生。……他们的模样无一例外地坍塌了，被扭曲了。……长期的侮辱已经和他们的模样长在一起了。"④但爷爷不同,看他劫后余生的照片,依旧宁静和超然,虽然老了,但那张布满皱纹的脸,一如既往地捍卫着他的精神。爷爷自己说过:"中国艺术,它是身心不二的。"

因为他有画。这是个别人夺不走的世界。那一次,在香山,黄苗子惊讶地发现,这个被打到社会底层的"臭老九"仍然"诗意地栖居"着。他买来了小学生临帖用的元书纸,借用村里小学生的一管秃笔、一方残砚,这样就开始作画了,像一个小学生一样,以好奇和兴奋的目光打量眼前的世界。《香山》十四开册页那批画,是他较早的焦墨探索之作,在故宫博物院,我面对这批原作,心想,即使今天看来,仍然是精品。陆俨少当年看到这些画,写了四个字:"外枯内膏"。这个世界上只有创作这一件事情能让他投入,他不再需要别的。

他的老师,就是眼前的山野,以及生活其间的匹夫匹妇们。20世纪50年代,爷爷与李可染一起倡导中国画革新,为没落的中国画寻找出路,他们在江浙一带游走写生,黎明即起,带上干粮,中午不休息,站在山上,面对湖山,倾听自然的教诲,才有了《西湖岳庙》《苏州古塔》《富阳村头》《紫砂艺人》这一批不朽的彩墨作品。在大自然中,这个白发苍苍的老者,会比一个年轻人更加脚步矫健。山谷间湍急的水流,他可以踩着石头,一跃而过,而他身后的学生,则要小心翼翼盘桓许久才能通过。只有在散发着柴火味道的山乡村

1956年，张仃与毕加索（由作者提供）

野，他才找得到自己的位置。郁风说他："他热爱乡土上世代农民所喜爱的创造和艺术，一个涂彩的泥塑玩具，一块木雕的饽饽模子，驴皮的皮影戏人形，纸扎的风筝，舞台上的脸谱，木板刻印的门神年画，少数民族的刺绣……许多许多古灵精怪的东西，都从他所储藏的箱底和心底的魔盒中飞出来。"⑤他是第一个把民俗艺术推上大雅之堂的人，1956年在法国南部坎城，他邀请他的朋友毕加索来中国的民间走走，毕加索说："中国太好了，但我年纪大了，怕到了中国后，（艺术上）又有一个大的变化，自己会受不了。"爷爷深知中国民间的好，以至于他晚年在京郊九龙山，自己设计建造了一座风格古朴的建筑作为最后的居所，在那里，听得见狗吠，看得清星月。房子里面，蓝印花布、手工贴纸这类民间工艺品到处可见。每次我去，对面的山林推窗可见，而爷爷，则总是坐在窗下的藤椅里，一手举着烟斗，偶尔吸上一口，一手举着碑帖，一看几个小时，纹丝不动。身前的落地灯上挂着一个蝈蝈笼子，那只话痨的蝈蝈喋喋不休地发表着对它主人的看法。他把自己放在自然面前，心灵才感到妥帖。他不会被城市里的高档公寓、宽大气派的画室、记者的镜头、众星捧月的画商以及一大堆吓人的头衔隔离起来，他知道那是来自功利世界的阴谋，而所有的阴谋，在他淡定的面容面前都显得不堪一击。

五

这个自然面前的小学生，每天清晨都会做早课，认认真真，毕恭毕敬。住在他的山间住所，我夜里写作，早晨睡懒觉。起床的时候，从楼上的卧室走下来，我会习惯性地走到他的画室里，打量书墙上挂着的几幅小篆书法作品，墨迹未干，那是他刚刚完成的作业，而他，已经坐到他固定的位置上入神地读帖，静默得像一口古钟，或者一尊庄严的佛像。

他一生没有学够。

他是个永远毕不了业的小学生。

但他是摆在我们面前的好教材，许多人没意识到。

好看的不仅是他的画，更是他的人——他自己就是一件作品。

在三〇一医院昏迷五个月后，他去世了。我想他在另一个世界里，也会找到自己的学堂。他去世前几天，我做了一个梦，梦见爷爷的病好了，回家了，我大喜过望，急匆匆去找他，看见他坐在乡间庭院的一把藤椅上，有很好的阳光，地上有许多鲜花，他的白发在风中飘着，一幅无比美好的画面，醒来很久，都没有忘记。

2010 年

张仃焦墨作品《沙窑乡北坪》（私人收藏）

朔风吹彻

一

延安的冬天，冷风如刀，吹透灰娃奶奶当年单薄的身体，在她的脸上、手上留下红色的印痕，甚至割出横横竖竖的伤口。她和小伙伴们住在窑洞里，听夜里的风声，风声里卷着狼的叫声，起伏跳动，仿佛转眼就会破窗而入。

她们睡的是通铺，铺的下面铺着厚厚的稻草，却依然冷，熬不到头的冷。每天夜里，她都把被子裹得紧紧的，但她依然觉得自己的睡眠就像窑洞的窗纸，很容易吹破一个缺口，让山风灌进来。我想起黄永玉先生曾经说过："短时间的饥饿是看不见的，却挨不过五分钟的寒冷。一床薄的被单和一张凉席，使人整个晚上都在战栗。"①太阳出来的时候，她睁开困倦的眼，发现通铺上空空荡荡，伙伴们早已经出操。没有人叫醒她，也没有人批评她，领导心疼她，只批评了负责照顾她的女同志："为什么小鬼这样？你要从自己身上检讨。"

1940年，奶奶只有十三岁，到延安只有一年，延安刚刚成立了一个泽东青年干部学校，黄华是教务长，后来当了校长。学校有高级班、中级班和儿童班，奶奶是儿童班的成员——这个班后来成为延安儿童艺术学园。她们每天学习，讨论，军训，是延安的"小革命"。延安冬天的风，吹透了她单薄的身体，几十年后仍然让她记忆犹新。吹起床号后，她们要去延河边洗脸，这对她是一件天大的难事。不仅仅因为窑洞在半山上，到延河边，要爬山，走很远的路，她们没有棉鞋，只用厚厚的破布把脚裹起来，再穿上草鞋，从冰冷的山路上走过，因为延河的水太冰，像一把碎玻璃，能刺穿她的每一根神经。所以，到了延河边，她时常蹲在那里，不敢把手伸到河水里，她就蹲在那里，装出洗脸的样子，像演节目一样，惟妙惟肖。但是这份十三岁少女的小小心计，还是被"大人们"发现了，有人跑过来，摁住她的头，用湿毛巾闷住她的脸，她的脸立刻感觉到一阵火辣辣的疼，脑子里一阵晕眩，那一天，队长给她洗去了厚厚的尘垢，她像经历了一场疼痛的蜕变一样，出脱成一个漂亮的女孩了。

那是延安在物质上最困难的一段时间，那段时间顾不得美，在冬天里，连战士都没有棉服，有人把单衣的夹层拆开，在里面塞上一点棉花，就算是棉衣了。奶奶得到了一件羊皮上衣，是一个医生看她小，送给她的，那件羊皮上衣有很浓重的羊粪味儿，穿上去，像一个牧羊人，它消灭了体形，只

灰娃，逢小威摄（由作者提供）

勾勒出一副毛茸茸的、臃肿的形象，但这已经令她十分满足。在窑洞里，她们每天吃小米，炊事员赶着毛驴，每天到延河边上挑水，回来给她们煮小米饭吃，吃饭的时候，十几个人围成一圈，中间有一个小盆，里面是清水煮黑豆，那是她们的菜。

延安的艰苦，我从很多历史书上都见识过，但奶奶是用自己的胃、皮肉、眼睛，证实了那里的寒冷和饥饿。但它们没有改变奶奶的少女本性，她们爱美，爱自然，爱生命中一切美好的事物。她们曾经一起上山抓小鸟，然后在山坡上挖一个小窑洞，围上小栏杆，把小鸟放在里边，吃饭时，她们会带上几粒小米，去喂鸟。那只鸟后来死了，奶奶很伤心，把它小小的尸体埋在山谷里，还给它开了一个追悼会。她听见有人说，多好的小鸟啊，永别了。还有人拉起了小提琴，送别小鸟。

村子里的铁匠找来锈迹斑斑的铁片，打成冰刀，用绳子紧紧地捆在草鞋上，这样，她们就有了自己的冰鞋。深冬里封冻的延河，就成了她们的欢乐场。白天学习、军训，她们就夜晚去，延河上，她们的身边，是风的旋涡，她们浑然不觉，她们展开双臂，飞速地奔跑，像是要飞。她们说着，叫着，笑着，风涌过来，她迎风呛了一口，笑声一下子变了调，像飞走的鸟，转个弯又飞回来。很多年后，坐在客厅里，听奶奶幽幽地讲述这段记忆时，我想，如果需要提炼延安最为动人的声音符号，不是气势磅礴的《黄河大合唱》，而是她们在静夜的延河上发出的天籁般的笑声，在一片黑暗与宁静中，那份发自生命本体的声音是那么突出，那么充满生命的光辉。那些被饥饿与困苦所囚禁的身体，就在这样的夜晚，这样强劲的朔风中，彻底张开了，让她们感到前所未有的自由——一个十三岁的小少女，在一无所有的穷山沟里，找到了属于自己的快乐和自由。

奶奶在说到这些的时候，依然沉浸在无法言说的幸福感里，似乎中间七十多年的时光消失了，她一伸手，就能扯住十三岁的自己。她们会一直玩到后半夜，一抬头，才发现月亮已经升到头顶了，又大又亮，把每个人的眉眼，都照得清清楚楚，整个山谷，仿佛张仃、古元的木刻，沟沟壑壑，一笔一画，黑白分明，清晰毕现。说话时，那月亮就在窗外，与七十多年前没有区别，甚至奶奶住宅外的山影，那份苍莽与古朴，也与陕北有几分相似，就觉得过去的岁月没有丢，奶奶带着它一路走来，变成我面前那个年老的，却依然时髦、有青春活力的奶奶。那笑声刻录在时光的磁带上，会在每一个想念它的时候重新播放。

天快亮了，她们才恋恋不舍地离开，顺着大砭沟，从八路军礼堂、民族学院、青年剧院、西北文工团的边上走过，

20世纪40年代，延安儿童艺术学园的孩子们在窑洞前山崖边排练合唱，前
排右二为灰娃

20世纪40年代，延安儿童艺术学园的孩子们。第三排右二额头有刘海者为
灰娃

又经过清凉山的解放日报社，回到桥儿沟。上述机构，名头都很大，实际上每个机构只是几间窑洞或几间破房子。回去的时候，天已经微亮，她们相互看一眼，发现每个人的睫毛上都沾满了冰霜。

二

很多年中，奶奶不知道那些人为什么那么爱自己。

奶奶在回忆录里提到过郑景康——20世纪中国最重要的摄影大师之一，郑观应之子，曾任国民政府国际宣传处摄影室主任，曾赴台儿庄战役前线作摄影报道，拍过许多蒋介石、宋美龄的照片，蒋介石对他十分欣赏，让他做总统府摄影师，给他优厚的待遇，但他还是在周恩来的安排下到了延安，心甘情愿过艰苦的生活。1942年，延安文艺座谈会，毛泽东穿着那条膝盖上有大补丁的裤子，扳着手指头作总结讲话的照片，就是他拍的；毛泽东的第一张标准像，也是他1944年在延安拍摄的；毛去重庆参加战后和谈，那幅著名的《挥手之间》，更是他的代表作。奶奶说，来延安的人，没有为自己的利益着想的。"文革"中，郑景康被关牛棚，说到这里，奶奶总有无限的感慨。奶奶回忆录里没有写，郑景康十分喜欢奶奶，有一次摸着奶奶的脑袋，说："两个月不见，都长这么高了。"

回忆录里还提到过陈戈，一个了不起的演员，他20世纪50年代在电影《南征北战》里扮演的那个说着一口南方普通话的解放军师长的形象，我从小就会模仿他的口音，大段地背诵他在《南征北战》里的台词："我们要用双腿，赶上敌人的汽车轮子。"陈戈说奶奶光长个头不长心。他看见奶奶这群小少女在开会后偷偷撕掉标语做成笔记本，就送给奶奶一个笔记本，还在那个笔记本的扉页上写下这样的话：

灰娃：

　　如果有人叫你去玩，你就说：不，我要好好学习。

　　　　　　　　　　　　　　　　　　　陈戈

陈戈看见奶奶在山上跑，就在后面喊："灰娃，慢点跑，别把你的鞋子跑丢了——"

那口音应该和《南征北战》里一模一样。

回忆录里还写到艾青，住在蓝家坪的窑洞里，给奶奶煎了一个鸡蛋，松松软软，圆圆整整。那是奶奶吃过的最美的美味，她同样忘了写，那一天是端午节。

她无法忘记那个年代的寒冷，如同她无法忘记那个年代的温暖。

毛泽东、江青，就站在儿童艺术学园的孩子们后面看电影，孩子们叫着要他们唱歌，他们没有唱，但也不觉得孩子们鲁莽。朱德在看了她们演的儿童剧后请孩子们吃饭，还对干部说："以后别光给孩子们吃小米了，要吃点好的。"她们从鲁艺借来一个留声机，是周恩来从重庆带回来的，用的时候要先转发条，有人放了一支小提琴曲，说："请灰娃谈谈感受。"奶奶就问："感受是什么？"那人就说："听的时候你想到了什么？"奶奶就说："我想到日本人把我们的村子占了，我回头看，到处都在冒烟，天快黑了，不知道去哪里。"奶奶说完，所有人都笑了，因为那支小提琴曲的名字叫：《再次相吻》。

困苦的延安，就这样成了她一生中最好的日子，因为延安有一群与众不同的人，一群专注于理想、有着圣徒般的牺牲精神的人。而那些困苦，不仅不被他们唾弃，反而成为他们精神世界所必需的底色，没有延安的困苦，就无法衬托他们精神的超越性。苦难深重的中国，就在这种圣徒式的牺牲中得到了心理上的医治和精神上的升华。

在革命的圣地，平等不是一种形式，更不是强制，而是发自内心的尊重与关爱，所以艰难困苦，挡不住更多的理想主义者，舍家别业，投奔延安。这种平等与自由，使得所有的牺牲与忍受都有了目标与价值，也在以后更长的时期内支撑着革命这面旗帜。奶奶的少女时代，没有时尚，甚至没有像样的鞋和衣服；没有 iPhone，甚至没有设备齐全的教室；无须被奥数折磨、被升学压迫，却承担了更大的压力——生死存亡的压力。那不是长发的列侬和躁动的"披头士"乐队唱过的青春，不是杜丽娘柳梦梅眉来眼去的青春，不是琼瑶小说里甜答答的青春，不是少年维特自杀、贾宝玉出家的青春，他们的青春无法翻版。当然，你也可以说，每代人的青春都是唯一的，时代有异，但心理上却难有大的不同，唯有他们，几乎是在炼狱里度过自己的青春岁月，像赵园曾经写过的："你无论如何也难以使得今天的年轻者相信，那一代人也自有那一代人的欢乐：你总不能不承认，你的人生是更为残缺不全的。"②每天吃饭之前，她们都要站队，唱歌。那些歌奶奶至今不忘，她在客厅里唱起来的时候，我悄悄把它们记录下来，因为那些歌将要随着一代人的远去而远去，不可能再"流行"，甚至不再被今天的少女理解：

这是时候了，同学们！

该我们走上前线

我们没有什么挂牵

总还有点留恋

学问总不易求得完全

要在工作中去锻炼

我们的血已沸腾了

不除日寇不回来相见

快跟上来吧

我们手牵手

去同我们的敌人血战！

别了，别了，同学们

我们再见在前线

别了，别了，同学们

我们再见在前线！

　　但革命者是不应被忘记的，忘记过去，就意味着背叛。在所有的革命者中，延安的革命青年，也是最可爱的一群。他们接受五四新文化思想的影响，一心创造新的社会与新的人生，他们既没有权力的野心，也没有话语的烦恼，更没有出名的渴望。他们有的只是一颗颗纯朴的心。与今天的少女比起来，奶奶更喜欢自己的少女时代，贫穷却丰饶，摇曳多姿，她曾不止一次地对我说："我觉得现在的女孩不如延安的女孩好看，延安的女孩更有教养、含蓄，有精气神。"

　　奶奶要学保尔·柯察金，在延河上背粮食的时候，她总想拣最重的。那时延河依旧封冻，光滑无比，十三岁的她，背着粮食，颤颤巍巍走到河心，突然一个趔趄，端端正正摔在冰面上，腰椎断了似的剧痛——那腰椎确实断了，只是当时她不知道，知道了也无法治疗，接下来的日子，她只能平躺在窑洞里，等候"运气"的垂顾。1949年以后，奶奶在北京拍X光片，才知道腰椎已经断成两截，错了位，中间只搭上一点点，早已经长在一起了，年深日久，已经没法治疗。十三岁的一次摔跤，七十多年后，每逢阴天下雨或者过度劳累，都依然让她疼痛难忍。

三

奶奶第一次见到张仃，是1941年。那时候张仃爷爷到延安已经三年，在鲁艺任教，还被聘为儿童艺术学园的艺术导师。爷爷比奶奶大整整十岁，所以那时候爷爷是"大人"，奶奶是"孩子"，那时奶奶无论如何不会想到，这两个"老延安"会在晚年生活在一起，相濡以沫。

爷爷是延安有名的"小资"，从上海来的，穿长筒靴，头发像普希金，和艾青、萧军他们"臭味相投"。即使在荒山秃岭，也不忘制造"文化氛围"，把山坡上一大间半成品的房子，搞成了"作家俱乐部"，里面有"沙发"——一组铺着牛毛毡的矮板凳，有"吧台"——一个简易的木台子，甚至还有"壁灯"——用农民筛面的罗做的。爷爷还为俱乐部专门设计了徽标，爷爷是实用美术设计大师，这点设计，自然是小菜一碟，这个徽标，居然留下了照片，收入《张仃文存》中，我和敬文东写《张仃：色彩的轮回》，也收了这张图片。所以艾青说出了那句名言："张仃到哪里，摩登就到了哪里。"

后来奶奶从国文教员那里学到了艾青的诗：

饥饿是可怕的
它使年老的失去仁慈
年幼的学会憎恨

奶奶那时候不会想到，三十多年后，自己在"文革"后期会写下许多"地下诗歌"，笔调同样地苍凉和沉郁。

作家俱乐部里，大家唱歌、跳舞、朗诵诗。萧军的夫人王德芬女士曾经送给爷爷、奶奶一本厚厚的《萧军纪念集》，奶奶把它转送给我。在这本书里，我发现延安著名的男低音歌唱家，也是延安"三大怪"之一的杜矢甲（另外"两大怪"是张仃和诗人塞克），在回忆文章中，说到爷爷那时居然经常唱歌。奶奶倒是经常唱歌，但我从未听爷爷唱过一句歌，所以，杜矢甲的描述，令我新奇又兴奋，他说："张仃唱歌的作风朴素、大方。自得其乐似的唱得得意自如。他的唱歌发自内心而不外

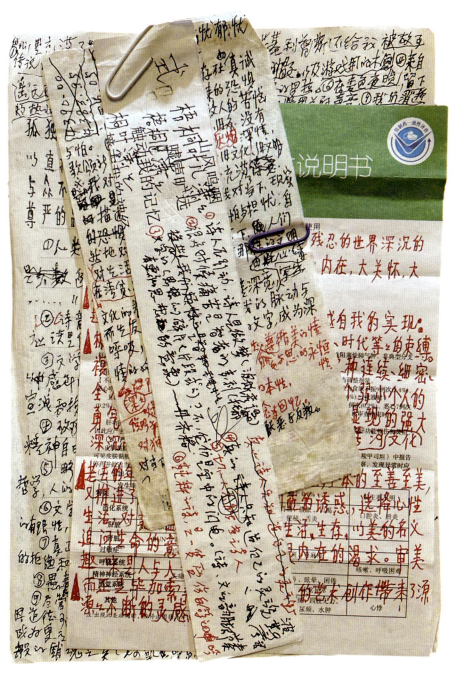

灰娃的诗稿（祝勇 2023年摄）

露，给人以自感自如，同时，也使听众感到自如的表情神态，仍然清楚地保留在人们的记忆中。"③杜矢甲说，那时爷爷和萧军比着唱歌，"每天晨起6点准时一东一西，一男中音一男高音，各自练声练歌。附近马列学院等单位的同志都可以听到两种音高不同、声腔不同，韵位、曲调也不一样的歌声，在山脚下奇妙地鸣响。报时一样准确地天天如此，有些人好奇地下山看看，原来正是相熟的一位作家一位画家，在那儿认真地练声和唱歌……人们心里都觉着他俩真是够格儿的业余歌唱家！要是有几位他们这类人物演起歌剧来，不就是一台很有趣儿的活生生的《波西米亚人》吗？"④。

张仃、艾青、萧军他们经常接奶奶去演戏。张仃喜欢西方现代艺术，喜欢毕加索、马蒂斯，在作家俱乐部的墙上，贴着许多从苏联带回来的西方艺术图片，这表明他是那一代艺术家中非常具有"现代性"的一位。在批判毕加索时，他直言："毕加索艺术上最大的特点是不断地创新，永不满足，这一点别人比不上。他在艺术上经过了十几个时期，路子是他走出来的。他那幅《基尼加》（即《格尔尼卡》，编者注）在政治上是进步的，在艺术水平上是划时代的。"⑤这每个时期都不雷同。毕加索是当代最有影响的艺术大师，他在艺术上摸索了很多东西，爷爷评价他的有些话在"文革"中成为爷爷执行资产阶级文艺路线的"证据"，后来爷爷说："我一生为这个西班牙老头儿没少受罪，可没承想，二战中毕加索这老头儿也参加了法共！哎，这下子我才松了口气。"20世纪50年代，毕加索在法国的别墅里接待爷爷，他不会想到自己给眼前这位中国艺术家带来了多少"麻烦"。

延安文艺座谈会后，延安的文艺风气一变，作家、艺术家们都"走出'小鲁艺'，到'大鲁艺'（指广阔的社会生活）中"，欢天喜地地与工农兵结合，然后孕育了一批与前迥异的作品，实际上，爷爷来延安之前的艺术创作，就极力从民间传统中汲取营养，延安文艺座谈会后，他更加自觉而已，开始收集整理陕北三边剪纸，并创作木版年画，爷爷后来在东北解放区创作的大量"新年画"，就得益于此时的民间营养。中国民间与西洋现代，成为张仃艺术的两个重要源头，黄永玉先生说："张仃是中国最有胆识最有能力的现代艺术和民间艺术的开拓者。"爷爷说："美术界曾有些人用民族虚无主义的态度，来反对民间玩具，甚至以'权威'的身份来大加排斥，以为民间玩具是粗糙、低级、落后的东西，并训诫有志于研究民间玩具的青年美术工作者不要'猎奇'，不要'玩火'，对民间艺术的憎恶、鄙弃，甚至于害怕到如此地步！⑥他认为："'民间艺术'不论出于专业艺人之手，还是业余作品，它们在造型上，装饰绘画上，都有一套程式，有的是属于一个民族在艺术上有极端成熟的表现。也有些程式，是凝固了，僵化了，成了公式化的符号……这些，都需要经过有才能的艺术家的鉴别，决定取舍。但总的说来，'民间艺术'上的程式，比起'宫廷艺术'，更加生动，更加活泼自由得多，正如陶瓷上的'民窑'与'官窑'的区别。"⑦爷爷的学生梁任生教授说："张仃先生是把民间美术推上大雅之堂的人。"

四

爷爷是"当权派"，所以在"文革"中在劫难逃，在"文革"中，爷爷是见过大世面的——曾经在数千人的批斗会上坐"喷气式"；坐在卡车上游街；举办他的"黑画展"，从广东来串联的红卫兵看过爷爷的"黑画"后，义愤填膺，把爷爷拉到操场上，用皮带猛抽；王府井的黄金地段，北京工艺美术服务部的橱窗里，爷爷和毕加索的合影被放大一米多高，他们的名字被打上叉子，杜矢甲从那里路过，正好撞见，偷偷掉了眼泪。

爷爷的学生丁绍光先生回忆说："一天，我悄悄溜进张仃的家，布文老师还特别烧了一条鱼。晚饭时，张仃往碗里扒了一点菜，自己一个人悄悄溜进屋角旮旯里，怎么拉他，他都不肯到桌上来吃饭，我和他儿子郎郎，一左一右地蹲在他的两边，真是无限凄凉的一顿晚餐。我永远无法忘怀布文老师脸上那凝固了刻骨铭心的悲怆……"⑧

爷爷坐在藤椅里，一边抽烟斗，一边回忆说，学生娃子胆小，不敢杀人，想让爷爷自杀，他们就把爷爷领到大楼的顶上，然后污辱他、刺激他，想让他跳楼，但爷爷不跳，我问为什么，他说，他知道这是瞎胡闹，知道将来会有结果。

"文革"中，奶奶这个"逍遥党"，也依然被折磨得精神分裂。那时奶奶住建国门，家里也被抄，有时奶奶不在，居然也抄家，奶奶气愤地说："你们要抄家，起码等到我回来。"造反派斩钉截铁地回答："等你回来就晚了。"但奶奶毕竟不是"当权派"，在爷爷的朋友中，只有奶奶家最"安全"，于是爷爷把自己的一批画交到奶奶手中，奶奶把它们包到一捆衣服里，悄悄寄到陕西的舅舅家。有一天，爷爷的夫人陈布文奶奶突然来到她家，要她把那批画烧掉，奶奶一听就哭了，坚决不肯烧，说，万一被发现，就说是我画的。陈布文奶奶说，你傻呀，美院的造反派一眼就能看出是张仃画的，现在内查外调这么紧张，多远的路他们都会去，别连累更多的人了。奶奶没办法了，给舅舅写信，让他烧画，不久接到舅舅回信：他亲自把那些画放到灶膛里烧的。

在天坛公园，奶奶重新感受到自然的力量，就像当年她喜欢到有植物的地方去，还采回艾草，装点自己的房间。过节的时候，张仃爷爷和陈布文奶奶会到她家里来，他们一起点上蜡烛，微弱的烛光，像当年作家俱乐部一样，照亮他们的面孔，只是他们回忆延安岁月的时候，已不再是单纯的青春回忆，而是对历史命运、个人命运多了几分复杂的思索。在烛光里，他们的心平静了，呼吸均匀了，眼神柔和了，生命的色彩，又丝丝缕缕地回到他们身上。那些日子，爷爷已成"死老虎"，没人理睬了，正好偷偷摸摸地画画，奶奶则开始写诗，来记录她心中泛起的那点久违的绿色。启蒙于延安的诗情，在历经了艰难的挣扎与曲曲折折的奔走之后，终于迸发出来，零零散散地落在纸片上，变成诗，又被她撕成碎片，扔到马桶里冲掉——否则便会成为"罪证"。爷爷知道后，说："这是诗，我们中国人需要这种东西。你回去不要再扔了，应该设法保存起来。"那些保存下来的，后来发表在《人民文学》这些杂志上，人民文学出版社也出版了一本集子：《山鬼故家》。

诗中写道：

从未奔赴盛宴

只以酩酊沉醉奉献

用热烈坚定的脚步踏碎

日久年深的忧愁

在牺牲的血泊中痛彻震颤

五

1992 年春节，爷爷和奶奶回到延安。那时距离延安文艺座谈会，刚好半个世纪。天气依旧寒冷，无定河和黄河都封冻了，只是在冻河上玩耍的孩子，不再是十三岁的奶奶。奶奶盯着他们望，想从他们中间发现自己的影子。但自己的影子早就被河谷里粗粝的风刮走了，抬眼，看到的是爷爷的皓发银鬓。风吹得他们几乎站不住，但爷爷不走，他要画画，坐在河边，就画对面的童家山的窑洞。奶奶说："人老了，不同于年轻时候了。"说着，把一顶绒帽给他戴上，又套了一层塑料袋，样子很滑稽，但爷爷顾不上，他只管画，坚持不住了，就站起来跑几步，暖暖身子，一直画完，奶奶把手往他额上一放，热得很——他发烧了。

这两个熟悉得不能再熟悉的"老延安"是在陈布文奶奶去世后，在 1986 年办理了结婚手续的。

第一次见到爷爷奶奶，是十几年前，画家冷冰川带我去他们的山里住宅，他们喜欢年轻人，我喜欢老人，就成了忘年之交，像一家人一样，分开一段时间，心里就有说不出的惦念，他们也像对待亲孙子一样对待我，这些，我都在回忆爷爷的文章里写了，这里不再重复。冰川是奶奶的孙女婿，我们这一班"小朋友"，都随冰川，以"爷爷、奶奶"称呼，习惯了，写文章再称"灰娃女士""张仃先生"，就未免别扭，像在说另外的什么人，回忆文章发表后引起许多误会，因此在这里郑重说明，以免误会。

都说爷爷火气大，我是一次也没见过。每次到山里，爷爷要么在书房里写字，要么坐在窗下，专心看一本碑帖，他的笑容特别可爱，像孩子般天真和温顺。有一次我从沈阳老家回北京，直接去了爷爷家，爷爷印象深刻了，每次我去时都说："你是从沈阳来啊？"我和奶奶常开他玩笑，他一脸无辜，不知我们笑什么。冰川回忆爷爷说：他晚年说话越发地少，"但说起话来却是微笑的，是从心里透着的欢喜"⑨。这一点我亲眼所见。

我想这一方面是因为爷爷晚年赶上了好的时代，无须忍饥受苦、躲避敌人的炮弹，也无须批斗、劳改了，或许只有他们，能够体会这份平静里的幸福；另一方面，也跟奶奶的照顾分不开，他们在一起的生活，让我觉得所谓爱情，并非年轻人的专利，白发人的爱情，更深厚，更珍贵，也更动人。

每天早上，奶奶都会在书房里把宣纸辅好，等爷爷来写字，所写的文字，唐诗、宋词，或者对联，也是奶奶事先在小纸上写好，爷爷照"抄"的。我有时在上午看爷爷写字，沉实、稳健的小篆，一笔一画，铁画银钩，柔软的笔，见出岁月的坚硬力量。王镛说："其笔墨之自然高古，出入石鼓，圆活峭劲，直追斯喜（秦代李斯、汉代曹喜皆书法名家，并称"斯喜"。张彦远《法书要录》卷一引南朝宋羊欣《采古来能书人名》："陈留蔡邕，后汉左中郎将，善篆隶，采斯喜之法，《真定宜父碑文》犹传于世，篆者师焉。"），而苍浑朴茂，又略近缶翁⑩。"

他只管写字，看书，其他一切事宜统统交给了奶奶，奶奶整日忙个不停，除了爷爷的生活、创作，爷爷的资料整理，也一律由奶奶负责，奶奶身兼爷爷的"生活秘书"和"工作秘书"两项"要职"，可谓重任在肩，比上班还忙，这份重任，常常压得她直不起腰来，年轻时受的腰伤，在这时开始为难她，她必须在沙发上躺一会儿，才能继续工作。2010年爷爷去世后，清华大学成立张仃艺术研究中心，编辑《张仃追思文集》等，都有奶奶的心血在里面。我写这篇文章的时候，奶奶正在与清华大学一起筹办"张仃书法展"，这又是奶奶的"非常时期"。

延安的艰苦岁月，就这样被他们的平静岁月厚厚实实地盖住了，直到有一天——大约是2009年的秋天，奶奶意外地发现爷爷在延安的写生手稿，那被封装在牛皮纸大信封里的旧时光才突然间"重现"了。那天奶奶打开那个大信封，发现里面居然是爷爷20世纪40年代在延安时的铅笔写生稿，那是一种面积不大的土纸，纸里隐隐约约显现着竹帘纹，奶奶立刻兴奋地给王鲁湘打电话。王鲁湘急匆匆地来了，摸着那些画，判断可能是当时陕甘宁边区自己生产的纸。写生稿共有十四幅，人物、静物、风景，一应俱全，很有可能就是爷爷在延安文艺座谈会之后下乡写生的作品，那时的作品，一张存世的都没有，可见这组写生稿的珍贵。六十多年前的岁月，就这样猝不及防地回来了，奶奶不能掩饰她的激动，对鲁湘说："你看，这不是延安的城门吗？那时候延安是有城门城墙的。"

鲁湘说："对，出城门就是延河，隔河就是宝塔山。"

奶奶说："这个窑洞想不起来是谁家的了。"

"这两个抽烟袋锅子的老汉，年纪其实也不大。"

奶奶说："这毛驴，还有这鸡，鲁湘你看，是不是同伯伯（指张仃）后来画的毛驴和鸡一个样？"

"这山坡还有人在打井水。延安的井都很深，要用辘轳才能打水……"⑪

黯淡的表情一下子就被激活了，放出亮光。奶奶抢着说话，好像一下子又回到了年轻时代。她从不曾觉得那样的日子远了，它就是昨天，中间只隔了一个夜晚、一场梦。

2012年4月　康定—北京

古椿书屋

一

　　临行前，我给二伯黄永厚挂了个电话，告诉他，我要到凤凰去了，问家里有什么事没有。本没打算占老爷子的便宜，不料老爷子一听，立刻大包大揽下来——到凤凰就是到家了，一切接待，他全包了。吴曦云到吉首接站时，问老爷子，用不用写个名字举着，老爷子说，不用，祝勇这小子，跟永玉年轻时候长得一个屌样！

　　后来我在古椿书屋看到黄永玉1947年在上海照的一张照片，那年他二十五岁，办画展卖画有了点儿钱，赶紧去照了张相，那份自我感觉良好的表情，略有几分相似。

　　那条巷叫文星街，虽然狭窄，却像一根弯弯曲曲的草绳，系着两组重要的遗迹，一处是孔庙，另一处便是陈家祠堂。古椿书屋原先在孔庙边上，是黄家的祖宅，从这个名字上，我们大抵可以断定两点，一是黄家是世代书香门第，二是老屋边上有椿树。对此，黄永玉先生曾经这样描述过：

　　"我们黄家在城里头有一种特殊的名气，那就是上溯到明

故乡家门（由作者提供）

中叶，找得到根据的时间极限里，祖宗老爷们要不是当穷教书先生，就是担任每年为孔夫子料理祭祀及平日看管文庙的一种类乎庙祝的职务。寒酸而高尚，令人怜悯而又充满尊敬。

"我家的另一个著名特点就是那棵奇大无比的椿树。起码两米直径。某年刮大风，砸下一个马蜂窝，坏了隔壁刘家房顶六百多块瓦。春夏天，罩得满屋满院的绿气。"①

黄永玉的曾祖（也是沈从文的外祖父）黄河清是凤凰县最早的一位贡生，在文庙做过"书院山长"，沈从文称他是"当地惟一的读书人"；黄永玉的祖父开办了凤凰县的第一所邮局、第一家照相馆；而黄永玉的父母，则是凤凰县第一对自由恋爱新式夫妻。黄家这几代，在凤凰县不知创造了多少"零的突破"，所以这一家在凤凰县的地位，是不言而喻的。黄家的宅子挨着一所小学。现在小学的校舍一直"发展"到了孔庙的跟前，使大成殿看起来显得有些局促了，但是这毕竟是为了继承孔夫子的遗志，所以我想孔圣人不会有什么意见。在这样一个袖珍小城里有这样一座像样的孔庙，有这样世代读书的家庭，说起来也颇是不可思议的事情。

后来我们去那里看了看，实地体验了一下古椿书屋从前的位置。学校里没有学生，很寂静。教学楼的墙上，依稀可见"文革"中涂写的毛主席语录。书屋不见踪影了，古椿还在，挺立在院子里，倔强得像不甘被湮没的记忆。

二

黄永玉在兄弟中间是老大。据李辉讲，黄永玉出生在湖南常德，几个月大的时候，由父母带回凤凰老宅居住。回乡的途中遭遇土匪绑票，母亲急中生智，将黄永玉塞到树洞里，自己打扮成船妇。土匪问，有没有看到一对夫妇带着一个孩子，还说，那孩子值三百大洋。母亲朝河的下游指了指，就这样把土匪骗过去了。我笑着问五叔，三百大洋是怎么算出来的？想必是因为他们探知黄家是有钱人家，但绝不会想到这小孩后来能成大气候，三百块，不给。

黄氏兄弟在襁褓中就颇见过世面。黄永厚很少提到他的童年，但古椿书屋在 20 世纪 30 年代发生过一次火灾，我是知道的。我不知那次意外的大火给他的童年记忆留下了怎样的烙印。我看到火灾后，黄永玉、黄永厚、黄永光和堂妹黄永端在古椿书屋前的合影，几个小不点儿冲着镜头傻乐，没事儿人似的。在多难的世界上，古椿书屋无疑是最安全的一艘船，是他们的天堂。

而母亲，就是那艘船上最可靠的舵手。我仿佛看到照片背后，冲着孩子们端着照相机的母亲的身影，看到她安详的微笑。

到凤凰的第二天就去古椿书屋。那天早上一醒来我就发现天在下雨。县委招待所坐落在山上，仿吊脚楼的形制建造的一座建筑，差不多是全城的制高点。我站在阳台上，满眼尽是大幅度倾斜的屋顶和鱼鳞似的黑瓦。因为有雨，看不很远。直到我到来，凤凰还竭力保持它的神秘感。

从山上下来，老吴带着我们吃了早饭，然后我们就循着窄巷的石阶行走，左拐一个弯儿，右拐一个弯儿，像是进了迷宫。窄巷很陡，而且排水系统不是很好，往上爬的时候，雨水已经形成了急流，没过了我们的脚掌，在有的地段还形成了小小的瀑布。正当我们丢盔卸甲、垂头丧气的时候，老吴说，到了。我抬头看，是两扇古旧的木门，门边用蝇头小楷写着两行字：家有恶犬，闲人免入。

永厚先生说他家的屋墙上还有他的抗战宣传画，我忘了问是在老宅，还是在现址，反正当时我没有见到，真是遗憾。永厚先生说这话的时候，我已从凤凰回来多时了，与蓝英年、陈四益、牧惠几位老爷子在北京饭店吃酒，酒意写在脸上，面红耳赤。黄永厚说那墙早推倒了，不过他通县的家里还有那幅宣传画的照片，我说我改天去看。

到了十几岁，黄氏兄弟们争相告别古椿书屋这艘安详的老船，开始真正意义的漂泊。也许是水上生涯养成凤凰人与生俱来的开放意识，他们喜欢新鲜、丰富、动荡而刺激的生活，尽管家乡竹林青翠、河水澄碧，如同水墨画一样宁静和悠然，但是他们很少像有些山民那样，守着二亩薄田，终老于家园。沈从文和黄氏兄弟，都是在漂泊中，完成自己的人生。

黄永玉十二岁告别古椿书屋，出去闯世界。在上海求学，孤苦无助的时候，偶然从报上读到了沈从文的作品，知道表叔人在北平，而且成了名作家。他攥着报纸，大哭了一场。那时候黄永厚已经投军，生死沉浮，全扔在脑后。但他像他的兄长一样没有离开画笔。1944年，他投军于花垣江防总队做宣传员。江防总队云继北洋水师后"海折""海琛"二舰上岸改制之师。初来乍到，他对一切都感到新鲜。国难时艰，"丘九"（学生）尚有盟国所赠"罗斯福布"校服，而入伍之"丘八"（兵），仍保持着《诗经》中"岂曰无衣？与子同袍"的光荣传统。这个湘西小兵，入伍时穿母亲带他到她女子小学一位麻姓学生家里讨来的、木机上剪下的花格子苗布衣服，一副乡下人模样，然而，这一点个人特征在齐整划一的军队里可以忽略不计，军队会将所有的个人印记全部格式化。初入伍为准尉，隔年，因画欧洲战区点将录及诺曼底登陆，获军委政治部（主任为张治中）嘉奖，晋升中尉。我至今能够想象他佩戴上蓝边带两颗三角黑星胸章，在海校分配来队诸子前扬首而过的那副神气。关于黄氏兄弟的这段经历，沈从文后来在《一个传奇的本事》一文中说："……大儿子（指黄

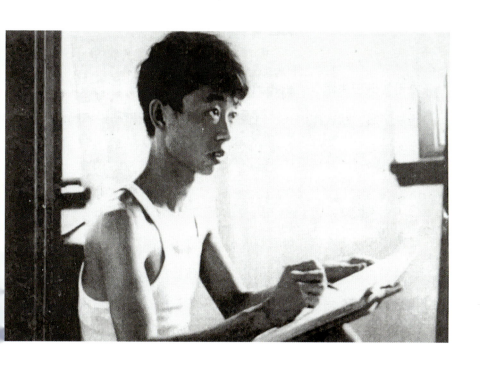

四十年代的黄永玉正在创作（由作者提供）

永玉）既已失踪，音信不通，二儿子（指黄永厚）十三岁，也从了军，跟人作护兵，自食其力……""护兵"一说不确，黄永厚实际上是部队文化工作者，当然，是"国军"的。很多年后，永厚先生镌一"折琛十六岁中尉"章，以志纪念。

后来投诚，到了这一边，没人碰的乐器，他能搞出动静，画画刷标语更在行，当着解放军首长画了一幅宣传画：一只大铁拳，砸向蒋介石柴禾棍儿似的身体，首长笑了。他从此"参加革命"。当然，有他们倒霉的时候。他们在童年时代躲过了很多灾难，真正的劫数却在后面等着他们。

三

五叔答应着来开门，我吓了一跳，还以为永厚先生在门里站着呐。他们哥儿俩的嗓音竟然一模一样。五叔黄永前，六十多岁吧，身体瘦削，是他们黄氏兄弟中的小弟弟，曾是县体委的干部，退休后玩玩字画，交交朋友，日子舒坦得很。人厚道，慈眉善目。他给我印象最深的就是那两道浓浓的长寿眉。

恶犬有两条，是一对夫妻，公的名唤亨特，母的名唤麦考儿，是纯种德国狼狗，站起来比人都高。便想起黄永玉衔着烟斗，牵着狼狗的样子，很酷。黄家爱狗，人所共知。所以小偷从来不光顾黄宅。曾有过不开眼的贼来过，都得残着出去。亨特性情凶悍，被五叔软禁在楼上，留下麦考儿欢迎我们。只是欢迎的方式令我们一时接受不了——它站起身子，两只前爪扑到我的手上，像是要握手的意思。当着五叔的面我没好意思叫出声来，实际上腿早就哆嗦了。

五叔本来想让我住家里的。因为有友人同行，我婉拒了五叔的好意。我说，我怕狗。

古椿书屋是一座两层的木构房屋。客厅中央的横匾是黄苗子先生题写的。我们到的时候，雨停了，五叔把堂屋的四扇雕花的木门拆下来，清凉的风便涌起来，我们坐在堂屋里说话，就觉得很爽。说话的时候，麦考儿时常溜过来，用潮湿的舌头舔我的手心。我座位对面挂着黄永玉的一幅画，画着一位倒在躺椅里的老翁，对着白发老妪说笑起腻，一旁题字曰："小屋三间，坐也由我，睡也由我。老婆一个，左看是她，右看是她。"我边念边笑，五叔也跟着笑，说，好玩吧。

在古椿书屋闲坐，五叔的声音飘忽不定。有时在房里沏茶，有时在楼上调教亨特，有时从书房翻出画来给我们看，总之一直在忙，像永动机，没有停歇。他神出鬼没的声音总让我觉得黄永厚就在屋里，冷不丁就会有一张大鬼脸出现在眼前，像傩面具似的。在古椿书屋，黄永玉和黄永厚几乎无处不在，不仅因为这里是他们的家，墙上有他们的字画，也不仅因为他们经常出现在我们的谈话中，而是因为他们的气脉是和凤凰、和古椿书屋相通的。他们带着凤凰的气息在世界上走，又带着对世界的认识回到凤凰。出走与归来，似乎涵盖了他们人生的主要内容。古椿书屋，目睹着这两位大艺术家的成长。他们在异质文化的碰撞中走向艺术和人生的深处。

那次我从凤凰回来不久，黄永玉先生就又回了趟凤凰。北京的王永福先生（也是黄氏兄弟的好友）对我说，他陪着回去了，凤凰县在北门外放起了鞭炮，迎接黄永玉，像过年一样热闹。

我喜欢永厚先生身上的"野气"，这种不羁的性格却像孩童似的天真透明，为凤凰人特有，也是人生的锻造。在人世间吃亏，或者在朋友中得宠，盖因这种"野气"。两边儿的军服他都穿过，那东西规范得了他的外表，却始终对他的内在形态奈何不得。这种"野气"在"文革"中换过红孩子们的响亮耳光自不必说了，不画马屁画，是他一直遵循的"基本原则"，也一直被官场以白眼珠相待。

有一次，在北京饭店一聚，等待一家电视台来给永厚先生做专题。朋友是永厚先生专门请来捧场的，他本已觉得颜面发烧，偏偏电视大腕们过时不到，永厚先生立刻号召全体嘉宾去餐厅吃酒，不再恭候。先生的脾气，我是见过的。见过之后，便担心哪天大意，犯在先生手里。其实不必，在真朋友面前，永厚先生的宽容像是一个无底洞。

去凤凰，本来准备悄悄地进庄，向永厚先生辞行，与其说出于礼貌，不如说出于本能。这事倘瞒了他，他非跟我"割席"不可。到了凤凰，我才知道，他暗地里给老吴寄去四千块钱，说是接待"祝老师"，专款专用。老吴又把钱给他寄了回去，说是接待祝勇，老吴能办，不用先生的钱。

永厚先生的"野气"，有天生的憨直，也有文人的特立独行。他不喜欢那些莺歌燕舞、无病呻吟的画，他在给我的信中说"那是与只长厚脸皮不长羞耻心者有一纸之隔"。他赞成林贤治说的，画家们"从来不曾把目光从食槽旁边移开"。他说画家们都争先恐后地画屈原，勤快的照抄《天问》全文，省事的只抄"路漫漫其修远兮……"，是"争风吃醋，大撒娇声"，表面上做屈原状，实际上"爱惜生命胜过真理"。他开始画自称为"焦点访谈"的画，直指现实中的尴尬处。老爷子谈吐和画风都很幽默，是典型的笑里藏刀。圈里人都晓得，黄记老刀，端的了得。不信的，自己去翻《黄永厚文画》。

四

五叔在院子里为我们摆酒。古椿书屋有一个不算小的庭院，在庭院里摆上长桌，放几把竹椅，在夜色中饮酒，是无比惬意的事情。五叔依旧忙个不停，像服务员。我想听他们兄弟小时候的故事，可是我没有本事把五叔的话"套"出来，只好听吴曦云讲凤凰老掌故。等到黄永玉先生包装过的"酒鬼"酒把我们都包装得醉眼迷离了，五叔那边才安定了下来，呷了几口茶，又像想起什么，进屋搜出一幅画来，是黄永玉刚寄来的，叫我看。我那时候已经成了正宗的"酒鬼"，入眼的一切，已同入胃的一切一道被消化了，记忆中仿佛只留些鲜鱼美肉的残片。

但我记得吃饭的时候，有游客叩门，慕黄家之名，特来拜访。五叔热情唤他们进来，便又忙自己的，让他们随便观看。那时我有了一个有趣的想法，我觉得古椿书屋是一座活的纪念馆，来凤凰的人，特别是文人，都想看一看两位大画家成长的环境，而这个环境，并没有变成照片和古物的陈列馆，由蹩脚的解说词来诠释它的价值，而是维持着生活的原生态。当然，到凤凰参拜古椿书屋，那是文人们的想法，对于黄氏家族来说，那里只不过是一个家，是为他们的生命注入血液的地方，是他们的人生的起点和归宿。

在凤凰的日子，没事常和吴曦云一起到五叔那里坐坐。依旧没见亨特的面，而麦考儿却已经和我们成了好朋友，只要我们一来，它准跑过来凑热闹。在这里，我逐渐认全了五叔的家人，熟悉了这里的一切。一个家族几百年苍老的历史，

童年的哭，分明与后来人们熟悉的那种笑相差无几。

1931年左右在火灾后的古椿书屋前。左起：二弟黄永厚、黄永玉、四弟黄永光、堂妹黄永端（由作者提供）

仿佛就在眼前了。望着院子里袅娜升起的炊烟，和襁褓中酣睡的婴儿，我恍惚间有了一种冲动，去见证那亘古不变的气脉，怎样在繁密的家谱中得以赓续。

一代代的孩子们从这里诞生并终将离开这里，最终像豆种一样散落在世界的各个角落。生死契阔，荣辱衰繁，许多意料之中和意料之外的悲欢故事，像风，像自然的箫声，在时间深处传递。在苍茫的大地上，家谱注定拴不住不羁的灵魂，命运将以它一贯的神秘姿态潜入每个家族后代的未来。但是我想，故乡无论多么老迈和迟钝，即使在睡梦中，也会敏锐地感觉到儿女们千里万里之外的疼痛。

夜晚总是和醇酒一起到来。坐在古椿书屋的庭院里饮酒聊天，天气还算凉爽，我却觉得有一种潲热咸湿的气息，浸透了脚下的青砖，围拢在我的身边。这是凤凰特有的气息。气味是容易被忘却的，离开凤凰这么久了，这气息却至今难忘，一想起它，我就想起古椿书屋，想起掩藏在群山后面的水上故乡。

玉氏山房

一

　　黄永玉先生用手比了一个高度，说："我这么小，六七岁的时候，在诸葛亮山，就是现在的山水讲堂这边，往对面看，回龙阁。我想，这个地方，真好。长大以后，我在那边盖个房子多好。"说话的时候，那房子早已盖好，在山的顶上，一出北门就能望见。房子叫"玉氏山房"。我和黄永玉正坐在玉氏山房的庭院里。

　　我想看看对面的山，那天有雾，模模糊糊的，什么都看不清。

二

　　从沙湾往虹桥那边看，右手边，就是往夺翠楼下面看，吊脚楼就在那里悬着。那时候的屋子都是吊脚楼，没有这么多，也不太讲究，因为不讲究所以有天趣。那里头有桃花，有杏花，有杨柳，坐在那里就感觉到那么美，那么好。想着应该有个什么人在里头就好了，或者是好看的女孩子，或者

黄永玉与祝勇，逄小威摄，2018年（由作者提供）

有个什么故事就好了。那时我很小，那时我这么想着。

那个时候天蓝，能看到很多很多星星。看过扫帚星，也看过流星，怎么以后就看不见了。春天、秋天看到大雁，飞过去飞过来。虹桥那边，有几千只乌鸦、喜鹊，七月七，鹊桥会，喜鹊真的在飞，平常也不飞，你说怪不怪？黄昏，或者清早，老鸹哇哇哇地飞，有的还蹲到人家的墙上，哇哇地叫。喜鹊叫，有信来了。春夏秋冬明明白白的事情。跟着老人家屁股后头打猎。这种课堂哪里有呢？从小把那种生活吃得饱饱的。

这样的记忆似乎有些奢侈了，至少对我而言。在20世纪70年代萧条的城市街景里，我的童年空旷而寂寥。有一段时间，我把观赏大字报、政治漫画以及公审大会当作娱乐。那更像是一个被歪曲了的童年，它篡改了童年的性质并且违反了童年的本义。

"远处一大片绿中的小点，是南华山和我。"

这是老人书中的话，我记得清楚。他的童年，从容而自负。书是《永玉六记》中的一种，叫《往日，故乡的情结》。他说，那书到期了，你拿去重版吧。

在堤溪上面，石壁、悬崖上，有人锉了一条路。一条路上面修了个庙。那个庙有多大呢？大概有两张双人床那么大。没想到吧？那解放后都拆掉了，接着现在又随便修了一点，将来要修得好好的，再修修。谁会想到在那个地方去修个庙？有什么必要呢？为了美，是吧？为了把幻想变成现实，就是这样。很多庙都是一代一代地修起来的。多少代的老人家，艺术的气质都是很浓的。凤凰几十座庙，解放后都拆掉了。那庙当时不光是道教、佛教，还有伊斯兰教、天主教什么的。建筑精致严格，菩萨做得非常规矩，那个都是极少有的。我以后没看到过。

天上掉银元，你听说过吗？凤凰这地方，妙得离谱。什么时候？四几年，对，40年代。蒋介石运银元，到凤凰的天上，飞机就出事了，掉了下来，白花花的银元，撒得漫山遍野都是。许多人都去捡，有的银元已经变形，凤凰人管这种钱叫"飞板"。这个词儿现在还用，我想你听不懂。买东西的时候，卖主嫌给钱少，不收钱，买主会说：凭什么不收，我拿的又不是飞板。

这地方太神奇，所以培养了我这个逃学大王，沈从文也逃学。人家叫我"黄逃学"。不逃学才亏。我办同学会最妙，一下子能请来同学二百多。我留过五次级，每次都有四五十个同学，你说我的同学有没有二百多人呢？想不想知道我怎么骗我父亲？我告诉他："学校放假了。"谁知有一次父亲揪着我到学校看个究竟，我想，这下惨了，谁知回到家后父亲竟拍着膝盖大笑："你怎么老撒同样的谎呢?!"

老人说话的时候，脸上的笑容很灿烂，咯咯地笑，像孩子一样。

许多地方都可以去。东南边街上，整条街都是工匠，我每天都去看。明明不必要走那条街，偏要走那里。今天雕到哪里，雕到鼻子雕到眼睛了，明天雕到手了，我的雕塑就是从那里学的。我又没有进过美术学校，怎么学雕塑呢? 粗坯怎么做、底下怎么做，这是讲木雕。那是讲究的，非常讲究的。

发表作品啊，第一次是在古椿书屋，就是我家里。这以前遭过火，火烧以后就修了现在这个房子。新房子修起来以后，我就用毛笔，在墙壁上题了几个字："我们在家里，大家有事做。"那地方你去过，看到了吗? 结果把墙壁写脏了，我爸爸生气，给我屁股上来了几下。这是我第一次稿费，就是屁股挨几下。

写错话，或者话不错，地方不对，就得挨打。那时候就开始训练。

三

"黑画"的事，"文革"的事，我不敢问。只谈绘画作文章。革命不是请客吃饭、绘画作文章，但革命至少是为了请客吃饭、绘画作文章。玉氏山房几层楼高，一层是巨大的画室，足够老

在湖南凤凰,黄永玉先生在写字,约2004年(由作者提供)

爷子折腾。墙上挂着半成品，是一幅罗汉，瘦骨嶙峋。当年在北京的老屋只有六十平方米，画室、饭厅、客厅、工作室……尽在这不到六十平方米的斗室中。所以《六记》中有"一记"名叫《斗室的散步》。斗室我没去过，见过照片一幅，展现了斗室风光，全家人挤在一处，却个个笑容可掬。

老人自己给自己落实了待遇。他的画"洛阳纸贵"。

画画的事情我写了告示。你见过的。

是的，见过，我还抄到了本子上。

我翻开那记录本，又见那段著名的告示：

　　本老人年过七十，久居外地，浪迹天涯，从不知钱财佳妙处，左来右去，抛掷随意，恶习成瘾，可恨至极。近年返乡稍频，见故乡诸君子开发气象恢弘，如日中天，白票子进红票子出，数钞票不眨眼，进银行当散步，形势喜人，一股暖流通向全身。本老朽沐此德才兼备光耀氛围景象下，大有昨非今是之感。本老朽虽少年失教，然好学之心未泯，面对君子，岂可不学？面对佛脚，岂可不抱？圣人有云："肚子痛马上进茅厕。"老朽"进茅厕"者，即约收绘画书法之薄酬耳：

　　一、热烈欢迎各界老少男女君子光临舍下订购字画，保证舍下老小态度和蔼可亲，服务周到，庭院阳光充足，空气清新，花木扶疏，环境幽雅，最宜洽谈。

二、价格合理，老少、城乡、首长百姓、洋人土人……不欺。无论题材、尺寸、大小，均能满足供应，务必令诸君子开心而来，乘兴而归。

三、画、书法一律以现金交易为准。严禁攀亲套交情陋习，更拒礼品、事物、旅行纪念品作交换。人民的眼睛是雪亮的，老夫的眼睛虽有轻微老花，仍然还是雪亮的。钞票面前，人人平等，不可乱了章法规矩。

四、当场按件论价，铁价不二，一言既出，驷马难追。纠缠讲价，即时照原价加一倍。再讲价者放恶狗咬之，恶脸恶言相向，驱逐出院。

五、此告示张挂之日起生效。

六、所得款项作修缮凤凰县内风景名胜、亭阁楼台之用。由侄儿黄毅全权料理。

1996年4月2日于白羊岭古椿书屋

这些字与小时候淘气写的字放在一起，令人产生恍惚感。

中间空缺的部分，是什么呢？老人每天上午写回忆录，在二楼的书房里，有很好的阳光和明式书案。回忆录叫《无愁河的浪荡汉子》，已完成的部分已印成小册，在北京的时候，黄永厚先生借我看过。他的全部童年藏在里头。用第三人称写，开头是这样：

> 他两岁半，坐在窗台上。
>
> 爷爷在他两个月大的时候从北京回来，见到这个长孙，当着全家人说，这孩子——"近乎丑！"
>
> 不是随便人敢说这句话的。妈妈是本县最高学府，女子小学的校长，爸爸是男子小学的校长。
>
> 晚上，妈妈把爷爷的话告诉爸爸。"嗳！无所谓。"爸爸说。
>
> 孩子肿眼泡、扁鼻子、嘴大、凸脑门、扇风耳，幸好长得胖，一胖遮百丑。

太像小说。

四

我不编小说，全是真事。真的才过瘾。那些真事，听起来全像假的。奇奇怪怪的经历，同那个时代环环相扣，不把

快乐地作画（由作者提供）

它写出来，可惜了。要是另外一个人，我也劝他写。沈从文说，我们两个，是时代的大筛子筛下来的，上面存下来的几粒粗一点的沙子。没有浪荡掉，没有让时代淘汰。经历过这么多事。所以我也一方面要赶快写，另一方面还要认真地、很严肃地来写它。又要认真又要轻松，不容易。沈从文他《边城》改了一两百次啊。学他都学不到，这么严格。

说到这里，老人有点累了，往屋子里走。他要去看直播的拳王挑战赛。沱江在玉氏山房的底下一如既往地流，他一扭头就能看见自己的童年。

八十岁的黄永玉在自传里往回走的时候，年轻的黄永玉正匆匆忙忙地赶路。他们总会在某一个时空里相遇，现在我所想的是，他们将以什么样的方式互致问候，他们能够听懂彼此的语言吗？还是彼此拥有某种与生俱来的呼应与默契？

2004年7月8日黄永玉先生八十寿辰前夜匆就

冰炭同炉

　　黄永玉与黄永厚，许多人分不出来。曾经上网，查黄永玉资料，发现贴的是黄永厚的照片。这种乌龙，报纸也闹过不少。大抵因为编辑百忙之中，无暇分别这两位兄弟画家的区别。他们的外貌的确酷似——尤其前些年，永玉先生还瘦的时候，简直像双胞胎。有时，有慕名者来万荷堂，进了庭院，见一枯瘦老头立于堂下，便笑盈盈作揖行礼，小老头身手敏捷，连忙躲闪，指着堂内，说："不是我，在里面！"还未开口，永厚先生就已知来者的底细，想必又把自己当作黄永玉了。

　　作为弟弟的黄永厚，比哥哥黄永玉晚生了四年。早在2004年，黄永玉就迎来了自己的八十大寿。那年我去凤凰，永玉先生要我住他的玉氏山房。在他的画室里，他搬了一本大画册送我，书名就是《黄永玉八十》。大八开画册，几十斤重。2005年，我从美国回来，去北京万荷堂看永玉先生，他说，刚刚办过寿宴，怎么也找不到我了。永厚先生的八十寿辰迟到了四年。也出了本八开画册，写了字送我，名字叫《黄永厚画集》，后来看黄永玉写的序文，才知道，他本无意编书，还是黄永玉先生劝说，才勉强为之。

二

黄永玉说："八十多年前，我们家那时从湘西凤凰老西门坡搬回文星街旧居没几年。厚弟刚诞生不久，斜街对面文庙祭孔，我小小年纪躬逢其盛。演礼完毕，父亲荣幸地分到一两斤从'牺牲'架上割下来的新鲜猪肉，回到古椿书屋，要家人抱起永厚二弟，让他用小舌头舔了一下孔庙捧来的这块灵物，说是这么非同寻常的一舔，对他将来文化上的成长是有奇妙的好处的。"

这段往事与黄氏兄弟后来的命运有怎样的关系，有待考证。但永玉先生与永厚先生对画画的兴趣相继发生，却有些令人匪夷所思："过不了几年，湘西的政治变幻，这一切都崩溃了。家父谋事远走他乡，由家母承担着供养五个男孩和祖母的生活担子。我有幸跟着堂叔到厦门集美中学读书，算是跨进天堂，而遥远的那块惶惶人间，在十二岁的幼小心灵中，只懂得用眼泪伴着想念，认准那是个触摸不着的无边迷惘的苦海。""我也寄了些小书小画册给弟弟们，没想到二弟竟然在院子大照壁上画起画来，他才几岁大，孤零零一个人爬在

黄永厚与祝勇．21世纪初（由作者提供）

梯子上高空作业。"

那幅画如今已经具有"文物价值"。几年前我去凤凰，他们的五弟黄永前还向我展示过二先生的那幅"旧作"。

在20世纪的世道变迁中摸爬滚打，他们各自的经历都无比复杂，像永厚先生说的："我习惯了朝不保夕的日子，还真没想到有更悲惨的世界等着我。"未曾了却的，或许就是那一份牵挂。那次，我带了中央电视台一个摄制组去凤凰，准备先斩后奏，拍一点黄永玉的影像资料。行前，在北京，我给他打电话，说我要去凤凰。他说："能不能约几个人一起来？"我问："谁？"他说："苗子。"我说："黄先生腿不好，不好走。"他说："李辉怎样？"我说："他忙。"他说："老二怎样？你陪老二来吧。"他想念二先生。

那次我和央视诸君经张家界先行抵达凤凰，北京的画家风子陪同永厚先生乘火车到湘西。我们几乎同时到达。在玉氏山房，我第一次同时见到他们。这种眼福，真不可言喻。那天的玉氏山房太热闹了，一二十人团团转，像个舞台。人群中有两个主角，人再多也看得出来。

后来，在万荷堂，春天，他们各自躺在躺椅上，在桃树下，闭目养神。花瓣在风中飘落。

那是别一种的浪漫。

三

永厚先生家住北京通州一幢普通居民楼。他的生活简朴
至极。

像一个普通的退休老头。

院内不许乱停车。如说是找永厚先生，看门人会网开
一面。

永厚先生的淡泊，圈里几乎尽人皆知。他向来深居简出，
不好热闹。有时与学界老人走动，但近来也聚得少了。老人
们的聚会令他伤感。他说："每次聚会，都会少一个人……"
黄苗子、郁风、牧惠……一个一个，排着队走了。我还记得
与他们难得的几次相聚，有李锐、李普、蓝英年、牧惠、邵
燕祥、陈四益，还有江青的辩护律师张思之，大家叽叽喳
喳，说说吵吵。如今，年纪日增，永玉先生爱引用胡风口号
诗："时间，前进呀！"大家却躲在自家屋里，成为惰性物
质，这种聚会，已是无法重复的记忆了。

有一次，某画家在美术馆办展，永厚先生到场了，美
术馆的陈履生在给韩美林的电话里说："除了黄永玉先生
外，这里还来了一位平时不大出动的人……"没等他说完，
韩美林就揭了谜底："永厚！"可见他这一癖性是在圈子里
出了名的。

黄永玉与黄永厚（由作者提供）

黄永厚对"宣传"了无兴趣，几乎从不办展，不出书。难怪永玉先生屡次催他，也难怪大家偶尔认错人。范曾曾经对永厚先生说："你太穷了，我介绍你去日本办画展吧，不过，你画李白就李白，杜甫就杜甫，别从他们身上扯远了，他们的汉学家就那么点功力，不要为难人家了。"但永厚先生对范曾的好意不以为然，他想："李杜我又不认识，不从他二位身上挖点东西出来，又画什么呢？"这注定又是一趟削足适履之旅，永厚先生放弃了。据他本人透露，自20世纪70年代那次画展之后，他就已经看穿了所谓画展的削足适履的本质，对办"个展"兴味索然了。

"画展中的一个上午，来了一对农村新婚夫妇。两位衣着光鲜，笑语盈盈，这在'文革'肃杀之气还未退尽的时候很是抢眼。我一想，坏了，我的任何画里都没有'祝你快乐'的内容，便赶快上前好言相劝：'介物事勿好看，侬勿要看伊！'同时指了指画廊里面。但两位不依，那位男士把受阻看得比上当还严重得多，白了我一眼，自愿买票入场。我当然心里有数，手里捏着一毛钱（两张入场券的价格）等候在出口处。果然，两位不到三分钟就把四十张画看完了，几乎是跑步转了一圈就出来了。还毫不客气地开骂了：'啥物事，勿好看！'这种情形在我意料之中，便笑着把票款奉上。那位男士气犹未消，挡开我的手说：'阿拉花得起。'尽管这样我还要感谢他二位给我上了一课——我的画不会受到普遍欢迎。不久又来了一位干部，派头十足，只欠了几个吆喝的衙役。他转了半圈，忽然回头问我：'你画的？为什么这样画，为什么要写上许多字，工农兵能懂吗？'来者不善嘛，但对我这个吃过二十多年粉笔灰的教书匠来说简直就正中下怀，我给他先背诵了一段恩格斯语录：对于非音乐的耳朵，再美的音乐也会失去意义。接着问他：'你就是工农兵吧？我没有当过工农，只是转业军人，这是我当先生业余时间画的，你不懂不学也不问还有理？革命导师哪一位教你不懂不学也不问还有理？还要挑别人的错，还要别人为你的不懂不学不问负责任？'说话间他已走到出口处，这时旁边聚集的一些观众哄堂大笑。"

这事有点老黄历，不过，即使今天，在艺术家与观众之间建立信任关系，仍不是一件容易的事。艺术价值，从来都与市场行情无关。供销两旺的作品未必是好作品。大众找不到他们需要的作品，而作品，也找不到它们需要的观众。艺术排斥中庸主义的世俗道路，也因此受到世俗道路的排挤，如同一位学者说的："整个世界差不多都是灵魂的西伯利亚：寒冷、凛冽而又含情脉脉——即使是商品生产者号称自己的产品如何如何人性化、如何如何朝着人性化的方向努力迈进，事实最终都会证明，那不过是商品生产者处心积虑之中，终于为产品找到了能够且必须更新换代的合法性。"①商品运营术在艺术领域锋芒毕露，许多"艺术大师"不如被唤作"艺术运作大师"更为贴切。凡是依靠市场确认自身价值的艺术家，大概都是缺乏自信者，因为除了"市场"以外，他们不可能以其他的方式获得自信，而大众，除了金钱以外，也找不到其他方法表达他们对艺术的热衷。叔本华曾在一家餐厅里说出了他的名言："在这个餐厅里如果有人进餐时不谈金钱，我就把我的金币送给他。"我从永厚先生的孤傲中，体会到一种顽固的自信。像他这样倔强的人，在这个世界上，如今已成珍稀品种。

四

永玉先生说，永厚先生的画风是"在几十年精神和物质极度奇幻的压力下形成的"，他取陆游"幽姿不入少年场"的诗意，以"幽姿"称之。他说："无家国之痛，得不出这种画风的答案。""陆游的读者，永厚的观众，对二者理解多深，得到的痛苦也有多深，排解不掉，抚慰不了。"

他说，家中兄弟，老二最苦。"他小时候多病，有一回几乎死掉。因为发高烧，已经卷进芭蕉叶里了，又活过来。"

总是在听他说笑话。他眼里到处是好玩的事。哈哈哈笑个没完。

他只在画里哭。

我喜欢他的人物画，庄子、宋玉、九方皋、李白、杜甫、李贺、刘禹锡、李涉、张敞、吕安、山涛、嵇康、阮籍、阮咸、刘伶、向秀、王戎、郑板桥、谭嗣同、钟馗、武松、刘姥姥、鲁迅……都像画他自己。我最喜欢魏晋那一组。能感觉到狂风从纸页上呼啸而过，竹林七贤辫发纷飞，衣袂飘扬，袒胸露腹，丑得可爱，一副满不在乎的架势，粗粝怪诞中，独具风骨。想起朋友一句戏言："黑夜给了我黑色的眼睛，我却用它翻白眼。"永厚先生在《嵇康》画上写："汤武统一脑袋；周礼规定秩序，嵇康的非汤武，争的是独立思考……他的'越名教、任自然'都是冲着树言主流来的。绝非某些人口里嚷嚷要回归自然，骨子里装满了汤武、行为又不出周礼那么闹着玩儿，人家可是搭着性命的啊。"《嵇康》，画册里收了两个版本，我更喜欢后一个版本，用笔已到最简，嵇康一袭白袍，黑发掩面，两种笔触，互相呼应，气氛如死亡般静美。在司马氏的屠刀落下之前，嵇康的风华绝代，被宣纸留住了，绝美的《广陵散》，还在这浊世上作着最后的逗留，尽管那份华美无比脆弱，在血雨腥风中不堪一击。美似乎永远与悲剧相连。这一点，永厚先生看透了。所以，他才像八大山人一样"哭之""笑之"，冰炭同炉。"拿自己做了理想的人质，把自己逼成了操守的祭品，在水土流失中死不改悔地站

黄永厚先生为作者所作水墨画

稳了立场。"②在这一点上，画里人、画外人走到了一起。

五

还记得十多年前，我在出版社上班的时候，有一次收到永厚先生的信，撕开信封，竟展开一幅人物画，画的是一位古代书生，昂首而立，一副傲骨。留白处题跋：

> 歌泣空能动鬼神，
>
> 更谁披豁类吾真。
>
> 平生履历堪夸处，
>
> 但博头衔一字人。

潘受诗画呈惊醒先生

落款黄永厚。钤朱文"厚"字印。我那时刚出版了一本散文集，叫《被思想惊醒》，"惊醒先生"是他对我的戏称。这样珍贵的一幅画作，就叠在不起眼的薄信封里寄来了。好在我撕信还算小心，没有把它弄残。我电话里问他，怎么没有挂号，他说，丢就丢了，一幅画算什么。又有一次，永厚先生打来电话，我不在，我的同事王钢接的电话，与永厚先生聊得投机。没几日，永厚先生又给这位没见过面的朋友寄了画。而有权有势的人捧了大把银子上门求画，也难以能够如愿——不懂艺术的人，给他画有什么用？他就是这么个人。刘海粟先生给永厚先生写一条幅"大丈夫不从流俗"，以表达他对永厚先生的赞赏。他狂狷而任性，如他笔下的徐文长。他不怕死，就怕活得不够精彩。他题写的，潘受的那首诗也可算是永厚先生的自我表白吧。有人说永厚先生古怪、傲慢、小气，我要发笑。或许，永厚先生也在暗自发笑。

2008年3月31日—4月2日

（10.3.原文不算多……您亲自抱去抄写，与您商量，他们……要求……之后）

勇兄：

拜读大作，钦佩不已。你古籍读书金少，大好，许多细节我都不知道。老五看到会很高兴的。因为比起他两位兄长的文章，他都沾不上边。这位被誉为"峨山赵子龙"又再默默无闻地使笑的五兄不甚家窘。恩荫改朝换历史其中"投诚"一词似与川军"起义"的冠冕堂皇而登大雅是有出入。当然"投诚"也有点临城大哈哈一笑掉。你总有笑人。

此致敬礼

黄永厚

黄永厚给祝勇的信

楼中望月

一

符家钦先生住在北京朝阳区团结湖小区的一栋九层高楼里，书案临窗，视野很好。晴朗的夜晚，明月都会如约而至，绝不爽约。符老略抬起眼皮望它一眼，就又埋头于书卷了。某个时刻，他蓦然抬头，会发现月亮已经游移到了另外一个角度，依然默默地注视他，像相知甚深的老友，像他已故去的妻子。

他已多年不曾下楼，不是因为他年迈，而是因为他早已截瘫，没有了行动的自由，所以20世纪90年代的都市之夜究竟是番什么景象，他毫无认知，自然，这些也并非是他所关心的。高居九层楼上，足不出户，他感受最深的是月亮的变化，从中体会岁月的变迁。

他目光一天比一天浑浊，记忆却一天比一天清晰。他准备写回忆录了。他不仅写自己，而且写一代人的心路历程。沙汀、阿英、何其芳、刘尊棋……排着队，一个接着一个地在他的脑海里闪回。保姆将他扶到床上。电视里在演古装连续剧，保姆为一位台湾省演员的出现而欢欣鼓舞。他昏然睡去。

他的书斋静了下来。书斋的名字是：望月楼。

二

符老先生睡得并不踏实。如今是1997年，一个承平的年代，然而他仍然时而在夜半醒来，搞不清自己身处何方。

刺耳的哨音划破了黎明前的静寂，符家钦摸着黑，慌慌张张穿好衣裤，到场院里集合，洗耳恭听公安人员训话。随时响起的哨音，作为意识中一种不安定因素，已经在他的梦境里出没了多年。那是1958年，在京郊清河农场。他的"头衔"是"右派分子""美帝国主义的走狗特务"。

其实在1957年的"大鸣大放"中，符家钦本来是有所顾忌的，未曾像同事萧乾、冯亦代、杨宪益、荒芜他们，跳出来大发议论，最终还是没有逃过"人民专政"的铁拳。5%的划右比例，符家钦榜上有名。已经注定的命运，个人是无力修改的。正如冯雪峰，这位鲁迅的挚友，经历过长征和上饶集中营的双重炼狱，在1957年的"小阳春"中，非但一言未发，而且成为别人"鸣放"的对象，即便如此，也早已被先入为主地"设计"成"右派骨干"了。与冯雪峰比起来，符家钦或许算不得冤。

也许这与他解放前曾在美国新闻处工作的经历有关。从

黄永厚先生（由作者提供）

四川合江老家走出来，符家钦于1937年到重庆，考入南开中学，1939年又入国立中央大学中国文学系。1943年尚未领到大学毕业文凭，便考进《时事新报》，开始了他的编辑生涯。《时事新报》的《学灯》副刊是中国新文学发展的一个重要阵地，曾先后集结了张东荪、宗白华、郑振铎等一代大师。《时事新报》的人文氛围，逐渐造就了符家钦对文化事业的执着意志。本来，他已打算同进步文化人士转道香港，同去共产党控制的北方，可惜道路被阻。他又入美国新闻处，与费正清、爱泼斯坦、刘尊棋等友人一道，度过了一段相对平静的岁月。这一步之差，如围棋中盘一颗棋子的落定，无数不可思议的变化尾随其后，符家钦的命运，终于面目全非。

曾经为美国人服务，"运动"一来，符家钦无可争议地被"推理"成美帝国主义分子留在中国大陆的战略特务。其时，符已是新闻局《人民中国》英文版社会组组长。如火如荼的1958年，八百人的右派队伍在华北平原逶迤如蛇，三十九岁的符家钦夹在当中，目光迷茫，不知自己的明日，将在哪里停顿。

20世纪50年代初那段阳光灿烂的日子就这样结束了。乡下岁月里，符家钦每每回想起这段时光来，都不禁要感喟岁月的匆促。他想起北京石驸马大街的宿舍，他和萧乾、徐迟、王作民、霍应人、刘邦琛等住在一个院子里，常聚在一处谈古论今。黄昏的晖光，均匀地漫在院子的空地上，温柔而静谧。如今在年近八十的符老眼里，那的确是一生中最美好的时光，不想转瞬即逝，再也没有回来。徐迟的儿子与符家钦的女儿是同学，他们的小学毕业照片就是徐迟亲手拍摄的。符家钦通过徐迟结识了艾青，符家钦同荒芜一起去向沈从文组稿，日子忙碌，心里却很充实。

随后，政治运动逐渐升温，同院的友人终于天各一方。命运各不相同，却又大同小异。石驸马胡同的温馨日子，就这样结束了。

符家钦劳动改造了三年。1960 年，对于中国来说是一个难迈的坎儿。农场里的右派接二连三地饿死。符家钦因其书法隽秀而得到"重用"，他的工作是抄写亡者名单。大概每天都有一二十人。这是这位翻译家和编辑三年来从事的唯一的"文字"工作。

这样的情况倘再持续下去，后果将是严重的。没人敢对此负责。于是，部分右派，被遣返回京。

暂时听不到那刺耳的集合哨音了。时隔三年，符家钦又回到了自己的家。然而，新的问题出现了——已被开除公职，无任何经济来源的右派，将如何养活自己的一子四女？

床边的月光，浸透出生命的苦寒滋味。这时的月，残破如打碎的铜镜。而梦，早就漂流到很远的地方去了。

三十多年以后的一个早晨，当老年符家钦轻轻掀开美国夏威夷大学出版社印行的英文版沈从文小说评注本 *Imperfect Paradise*，他的心中下意识地升起一个中文译名：天堂有缺。

三

符家钦靠四处借贷及朋友的救济维持了几年，境况终于有所好转。20世纪60年代中期，北京市公安局外文学校开张，急需外文教师，而他们管教的右派分子当中，却不乏译林名家。经筛选，符家钦得以入围。符家钦授课一丝不苟，对干警们严格要求，连在食堂打饭，都不准讲中文。这时，为符改正右派的工作，亦在进行之中。

然而，好梦不长。1966年，来了。一切都"史无前例"。

《人民日报》发表了社论：《横扫一切牛鬼蛇神》。符家钦，这个美帝国主义的残渣余孽，属牛鬼蛇神之列，自是确定无疑。右派改正的事情，功亏一篑。符家钦被重新遣送回京郊良乡。多年藏书，还有文化界同人的珍贵信件、手迹，被洗劫一空。他曾眼望着京城造反派焚书的大火，发出一声无奈的叹息。不知自家的藏书文稿，在哪一把火焰里香消玉殒。8月27日，他随二百支边人员，被一起押往新疆强制劳动，别妇离雏，仓皇上路，万里投荒。

此行的终点，是南疆的麦盖提县，距乌鲁木齐，还有七天路程。漫漫长路，直把圆月走弯。中途停顿，符家钦于月夜沐浴在无边的清辉里，心中念起秦观《南歌子》"水边灯火渐人行，天外一钩残月，带三星"，别有一番滋味在心头。他想起纪昀、刘鹗这些发配新疆的旧时文人，却不曾料想，此一去，竟比他们流放的时间还要长。

横跨新疆茫茫大戈壁的十二天汽车旅途，令这些经受了身体摧残的文弱书生们体虚眼花。符家钦亦呕吐不止。待他稍好，身体无力地斜倚在摇晃的车窗上，望着荒无人烟的西北大漠，步鲁迅、郭沫若诗韵，吟出七律一首：

嗟予头白戍边时，别妇抛雏系藕丝。

缧绁十年沉黑籍，关山万里遍旌旗。

分将残骨埋戈壁，悄向荒原赋悼诗。

底事艰难存一息？未酬恩义负牛衣！

"此身只当从军死"，这一去，他是不准备回来了。

他在那里一待十年，十年，在遥远的边地，他几乎与世界隔绝。他还可以读报，因为要不断地学习、向组织报告思想。这是他捕捉外界声音的唯一渠道，同时满足了这位文人阅读的渴望。这令他高兴。有了书报，便不觉得日子难熬。

祝勇老弟，

　　寄奉《花香话茶语》一套，《张恨水的事》一册，和一些杂件，请坤宝一阅。

　　99年10月初，我同两个女儿、保姆沿江同到成都住了十天，归来后写了篇小记。由于飞行顺利，我也盘明年下半年访台（为什么要在下半年，因月批李隆辉、李岩去正在风社上，到明年事私去书记，什么钱都要下台，到上当者恐要松动呢），后年访台后，好友正退出第一线，在北京、成都两地度过晚年。

　　因《花香话茶语》印了一万，发行了记，我决定把少《名著名译丛书》列入明年计了月锁。这是告投入、产出工程，此者分两批出，每批10种。月前银行沉忘，以银行贷款此拮据助者而安现。我计划请老弟多专出版，到序生

符家钦给祝勇的信

到了1975年，一天，看守对符家钦说，有人来看你了。符家钦心中一惊，他在新疆无亲无故，这里距北京又有万里之遥，有人看他的可能性为零，一定是弄错了。

待一见面，符家钦便惊愕得张大了嘴巴，站在他面前的，竟是他的长子。十年不见，儿子已由少年变成了成人。个子高了，只是身体依旧单薄。符家钦百感交集，想到儿子一路的艰辛，号啕大哭。儿子告诉父亲，他已大学毕业，主动申请去黑龙江工作，此次赴新疆，万里寻亲，是想将已无北京户口的符家钦接到大兴安岭养老。符这时下了决心，欲在东北终此一生。

尽管符家钦认定对自己的错判不过是历史的误会，但是当他决定在遥远的北方不为人知地寂寞终老的时候，他无论如何也不会想到，命运的转机竟来得这么快。次年，四凶被擒。五十七岁的符家钦又燃起了重操旧业的欲望，遂给胡乔木投书一封。1977年，符家钦奉调返京，入刚刚组建的中国大百科全书出版社。第二年，任该社英文组组长、知识出版社副主任。

老朋友们一个接一个地回来了，暂时，大家还来不及相聚，来不及倾诉彼此心头的喜悦。北京的文化界百废待兴，需要做的事情，太多，太多。

四

沉沉的长夜，毕竟是过去了。

可是，自古书生多薄命。当乱世的阴云刚刚散去，生理上的恶作剧又来了。

他焚膏继晷地参加编撰审订《中国大百科全书》，并以一年一本的速度出版译作。《鬼魂奏鸣曲》《马尔兹中短篇小说选》《寒冬一月》《沈从文传》四部巨著已经付梓，他刚刚体尝到工作的甜美滋味，却因身体不适，医生误诊，被糊里糊涂地在脊椎开了一刀。1984年的一个早晨，他一梦醒来，发觉双腿已完全失去知觉。

意外致残，这几乎是令人难以置信的现实。噩梦刚醒，又陷入另一场噩梦。

命运开了个多么残忍的玩笑！

可符家钦并不是那种软弱的小布尔乔亚，他知道人生如同月之盈亏，圆满只是暂时，而残缺却是长久；圆满只是理想，而残缺却是现实。在圆满中等待残缺是恐怖的，而在残缺中期待圆满却是幸福的。

他来到这世上，就是为了与命运来一次拔河。他知道上帝并不站在他这一边，可是冥冥之中有一只无形的手在帮助着他，它，便是时间。

他把辩证法活学活用到自己身上，常说自己"塞翁失马，焉知非福"。

发配边疆劳改，他非但没有心理不平衡，反而颇感庆幸：倘留在北京，则必死无疑。意外致残是件苦事，但他以为足不出户，反倒使他潜心于文字，成就他的著译事业。精神胜利法是无奈者的哲学，而这种哲学可以制胜。精神胜利可以转化为实质性胜利。

没有了哨声的催促，符老仍然每日天蒙蒙亮就起床，听一个小时外语广播，吃点东西，便由保姆抱到书案前，开始工作。他每天的工作定额，除了按照既定速度翻译英文原著外，还要依次为他在北京《中国图书商报》、香港《大公报》、马尼拉《菲华文艺》等六家国内外报刊的专栏完成稿件。这些专栏文章，将分别结成《译林百家》《开卷有益》《作家访谈》等集子，按开本、印张、装帧的一致设计，列入他的《晚晴丛书》中去。此前，他已完成著译二十四种。

秀才不出门，便知天下事。时间久了，他也渐渐失去了外出的欲望。闲下来了，就给朋友们拨个电话，那些朋友，如萧乾、冯亦代等，也都已是鬓发苍苍，行动不便了。偶尔的欢聚，便成了他生命中最隆重的节日。像1995年他和丁聪沈峻夫妇、冯亦代黄宗英夫妇、黄苗子郁风夫妇等的小酌，以及他1997年与五十年未见的老友爱泼斯坦在友谊宾馆的重聚，都成了这位老者时常重复的话题。

晚年遇盛世，这是这位不幸文人生命中的大幸。挣扎一生，到了晚年才赢得一张平静的书桌。在与命运的拔河中，他成了笑到最后的胜者。

如他所愿，时间证明了一切，月亮一天天地渐渐盈满了。他将在月亮最圆的时刻恬然睡去。没有人比他更超然。

1997 年 6 月 13 日—19 日

2009 年 7 月 30 日改

画译中的纪念

一

七十二岁的高莽蜗居在紫竹院附近的一座板楼上，在逼仄的空间里译稿、作画。他做梦都希望拥有一间自己的画室，可是竟没有。四周成捆的书报资料吞噬掉了有限的空间，一张可以兼作画案与书桌的略大一点的桌子，侵占了房间里最后一点可供行走的通道。光线不好，所以他要尽量在好的日光里多干一点，天光一旦昏暗下来，就什么都干不成了。开着灯也不行。他说，到底是老了。

他的书籍、文稿、杯子、眼镜，永远在铺着花格台布的桌案上散乱着。他最怕找东西，由于累积的资料成捆地在几间小屋里沿墙根一直摞到棚顶，找一样东西，花一整天的时间也未必找得到。有一次他寻找一篇旧作，是在他彻底失望、决心放弃的时候，突然冒出来的。他时常感到疲倦。累的时候，他的目光透过窗子望向远处，好在视野尚佳。心情若好，还可以下楼走上一遭，买份报纸，复印点文稿，洗几张照片，或者干脆到万寿寺转转。不在乎川流的车子的喧嚣，温煦的阳光倒常常令他在平静中陷入遐想。许多可以回味的细节，便轻易地浮现出来，清晰如画。

于是，那些本已在岁月中蒙上了尘垢的影像，又开始骚扰他的内心。他想起四十多年前自己曾随周扬访问苏联，在西驶的火车上，他向周扬发问，为什么知识分子的书房里大多悬挂着诸如克拉姆斯科依《陌生的女人》《月光》这样的油画作品（印刷品），而不是工农兵的革命宣传画？克拉姆斯科依是沙俄时代巡回画派领袖，《陌生的女人》画的是一位坐在马车里的贵族美妇。他记得当时周扬只是略微笑了笑，没有作答。

周扬那天的笑容一直像一团雾一样弥漫着他的思绪。20世纪50年代陪同梅兰芳先生访苏的时候，梅先生对高莽说的话，更加深了他的疑惑。那一天，他们一起漫步在斯坦尼斯拉夫斯基博物馆里，梅先生便以细微的嗓音对身边的高莽讲道："梅耶荷德最懂中国戏曲，你将来要画画，请将我和梅耶荷德画在一起。"

梅耶荷德曾是与斯坦尼斯拉夫斯基齐名的大导演、欧洲戏剧界的权威、电影大师爱森斯坦的老师。英国大导演戈登·格雷访苏时曾说：只要梅耶荷德能到火车站来迎接我，我就心满意足了。然而，梅先生这话，还是令高莽感到意外。因为早在梅先生说这番话之前十八年，梅耶荷德已被作

高莽在家中，1995年3月（由中国现代文学馆提供）

为"人民的敌人"处死了。梅耶荷德剧院是在1938年1月被以"与苏维埃艺术背道而驰"的罪名查封的。查封以前,梅耶荷德的妻子、著名女演员赖赫在《茶花女》中第725次,也是最后一次扮演了主要角色。1939年6月20日,梅耶荷德在圣彼得堡被逮捕,是夜,他的宅邸被抄。次年,他惨死狱中。梅耶荷德被捕后二十五天,即1939年7月15日,赖赫在家中被杀,身上留下多处刀伤,死因至今不明。

高莽没有想到令梅先生情有独钟的是这位"人民的敌人",而不是斯坦尼斯拉夫斯基这位人民艺术家。他深信梅先生的话自有其深刻的含义。但是,它究竟意味着什么呢?

二

高莽虽然毕业自教会学校,但是他十几岁便投身革命,1945年8月15日苏军出兵中国东北后,一直在中苏友好协会工作。歌声、标语,以及红旗招展的会场,培养了那一代人的革命浪漫主义情绪。他有着浓重的革命情结和苏联情结,二十一岁便翻译完成了剧本《保尔·柯察金》,而他后来的妻子,便是剧中扮演冬妮娅的演员。寂静的北方漫天飞舞的大雪和粗粝的北风,在他的记忆中,都带有一种无法言说的甘甜滋味。莫斯科与列宁格勒,那是他心中革命与艺术的圣地,后来数次造访,他都是怀着朝拜的心情去的。

保尔·柯察金的形象在他的心头颤动。他永远都不会忘记保尔和冬妮娅分别的那个晚上的情景——他们坐在公园的长椅上，望着西天落日的余晖。保尔对冬妮娅说："你必须跟我们走同样的路。……假如你认为我首先是属于你的，然后才是属于党的。但在我这方面，第一是党，其次才是你和别的亲切的人们。"冬妮娅悲伤地凝望着闪耀着碧蓝的河流，两眼饱含着泪水。然后，保尔便走了，留给冬妮娅一个决绝的背影。他从此走得很远，走向弥漫着浓烈硝烟的战场，走向西伯利亚的筑路队伍。那时候，年轻的高莽还从来没有听说过，一位名叫日瓦戈的医生，在十月革命后的一个饥饿的寒冬里，卖掉了心爱的钢琴，换来一小堆足以救活全家的土豆。他所崇拜的革命作家高尔基，竟与列宁有重大分歧，高尔基在1924年1月15日致罗曼·罗兰的信中这样评说列宁："我曾多次指出，摧毁俄国知识分子，他摧毁的正是俄国人民的核心。我尽管对这人怀有好感，从他那方面说，他也喜欢我，我相信这一点，但我们的争论引起彼此精神上的敌视。"而法捷耶夫，《青年近卫军》的作者，受人敬重的苏联文艺界领袖，竟因精神的苦闷，于1956年5月13日，在莫斯科的彼列捷尔金诺村，饮弹自尽。历史往往不像它的表象那样简单，而知识分子所要面临的苦难的历程，也远远没有终结。这样的宿命，不久也在他自己的命运中得到应验。

俄罗斯多雪，洁白如迷人的四瓣丁香花，像他的故乡哈尔滨。许多个寂静的晨昏，他在雪原上漫步，试图从穿越白桦林的风中，聆听到昔日大师的耳语。而历史的真相，却总是埋藏在地层的深处。年轻的高莽，头脑里总是笼着一层雾。

三

许多老人不愿回首往事，于是历史的真相便越发扑朔迷离。我曾经力邀我所敬重的一位老学者撰写个人回忆录，他说："不是我不想答应你，只是现在回想过去的事情，我不可能不激动，不可能不受到感情的折磨，所以我不能写。什么时候我能够以一种平静的心情面对往事，什么时候才可能落笔。"他的话，恐怕代表了很多老辈文人的心声。1998年的高莽坐在他的书房里与我谈话。透过他的神情，我无法揣测他回忆往昔时的心情，只能从他的文字中寻找依据。他的《冷与暖》一文的开篇是这样写的："几十年的人生旅途，跌跌撞撞磕磕碰碰，留下遍体鳞伤。如今抚伤回顾往事，面对更为凄惨可悲者，深知他们大有人在，觉得自己只不过是擦破了一层皮，已无痛感。"

他和他的一代人从浩劫中走出来，各自扮演了各自不同

1954年，高莽（楼上左一）在莫斯科雕塑家马尼泽尔工作室

1956年年底，在北京中山公园，高莽为卓娅的母亲作翻译

1983年，高莽在苏联"作家之家"出席苏联国际翻译讨论会

的角色。与吴晗、老舍他们比起来，他还算幸运，所以他才这么说。他是超越了对个体生命的关注，满怀着对整整一代人的悲悯情怀，写下这番话的。他望着案头的水仙对我说："你看这水仙，花香袭人，可是它遭受了刀子的横竖割伤，才换来盛开的完美。"就是在这个时候，他将自己的内心，与苏联知识分子的心路历程，打通了。

四

去高莽家里做客，每次都会贪婪地翻看他的速写本。他一生积攒了大量的人物速写作品，每有学习会讨论会，或者文人雅聚，他都会不失时机地，把他的面孔画下来，时间一久，竟积成厚厚几摞，分别制成不同的插册，每次去，我都乐于抽出一二册，坐在一边静静地翻动，仿佛要在这些陈旧的影像里，想象历史的身影。高莽笔下人物，老辈者有胡愈之、曹靖华、钱锺书、杨绛、季羡林、茅盾、巴金、田汉、萧军、蔡若虹、华君武、曹辛之，小辈者有李洁非、徐坤诸君，图侧多有被画者的题识，可能是几行隽语，也可能是一句逗趣的叙话。于是，这些画稿，便成为文学史的生动注脚。

退下来的高莽最大的收获是完成了一幅大画，就是丈六的水墨长卷《赞梅图》。房间狭小，不能退远观看，甚至那幅巨大的宣纸也铺展不开，只好匍匐在地上，边画边卷，边卷边画。所以，掌握比例和透视，便是一件难事。几乎整个夏天，他都躲在燠热的小屋里作画，从早上起床，一直画到夕阳西沉，每日不断，用他自己的话讲，比上班还忙。三个月后，大功告成。他这才踏实下来，仿佛灵魂得到了告慰，从此，便可以无怨无悔了。

"梅"，是梅兰芳，在画幅中心，轻舒臂腕，环绕他的，有斯坦尼斯拉夫斯基、萧伯纳、布莱希特、塔伊洛夫、唱《老人河》的罗伯逊、唱《船夫曲》的夏利亚宾，当然，不会漏掉结局悲惨的梅耶荷德和他的爱妻赖赫。他曾将这幅心血之作拿给戈宝权观看，请他指认画中人物，可惜年迈的戈老已经难以辨认了。这令他心中颇为忐忑。1996年，一个由六十人组成的莫斯科戏剧表演家旅行团访问北京，专程参观梅兰芳故居纪念馆，同时品赏一下《赞梅图》。室内展不开，只好在院中观看。几位俄国朋友攥住画轴，慢慢将画卷展开，他们顺利地认出了前两位，当第三位的身影露出来时，在场的所有的人都惊呆了：赖赫！他们太没想到了。现在许多俄罗斯的年轻人，都不知道这个名字了，而这位美丽的苏联女演员，竟于死后六十年，在中国艺术家的画作里得到复生。高莽说，她的姿影总是令他挥之不去。梅先生去世时，他曾写过一篇文章，提到梅耶荷德和赖赫，多亏当时的上司不知此二人何许人也，高莽也就安然无事了。时光荏苒，大师退席，他们是否在场，对他们自己或许并不重要，对这世界，绝对两样。如今各种冒牌大师横行世上，他们若在，那些人是不敢的。真正的大师不说话，但他们的精神会说。他们是这个世界的魂，他们走了，世界就没了魂。高莽画梅，聊以填补大师退场后内心的空缺。

年老的高莽半倚在沙发里，凝望着案头的水仙，回味着年轻时的旧梦和自己颠沛的一生，品味着生为文人的苦涩。而青年时代的高莽，则在东北的雪原上行走着，做着作家和画家的梦。他的心境像没被践踏过的雪地一样纯白，那时，什么还都未曾发生，只有风刮在脸上，生疼，他不在乎。毕竟是年轻。保尔·柯察金是他的精神偶像。握在手中的那卷剧本里，保尔刚刚和冬妮娅告别，天边的霞光，依然明丽耀眼。

1998 年 3 月 21 日

2009 年 7 月 30 日改

祝勇：

　　我了了……你的文章，放在你的照片故事上，请查收。

　　这些照片中的人物，在你的《对话》中都提到过。

　　如要选用风景，记得你储存的你罗斯风景画册中，可挑选几张风景画。

　　　　　放好！

　　　　　　　　　高莽
　　　　　　　　　2003.4.10

P.S.
照片用后，务必
退还给我

一蓑烟雨任平生

一

刘绍棠老师走得竟然这样快，就像一个任性的孩子。1997年3月12日，天气突然阴凉了，似有雨意。我想我该去看看绍棠老师了，就给郑恩波伯伯挂了一个电话，相约一起去。接电话的是郑伯母，她低沉着声音告诉我，他已经辞世了，早上5点，在宣武医院。

我的心仿佛于瞬间被利刺穿透了，一整天，坐卧不宁，心脏如同失血了一般，隐隐地痛着。上个星期，绍棠老师在电话里还谈笑风生，一切都好，怎么一下子风云突变……当天的晚报和13日的各大日报发了报道，噩耗得到了证实。其实一切皆无须证实，只因消息来得太快，太突然，所以总觉得那不是真的。

总觉得这一切只不过是上帝的谎言，或者是一个将醒未醒的噩梦；总觉得只要拨响那个熟悉的电话号码，就会听见他沉洪的喉音；总是期待在一个天光晴好的日子里，敲开红帽子楼七〇四室的木门，看见绍棠老师坐在那张宽大的书案后面，微笑着等我。

一年以前，命运就已经向绍棠老师亮出了黄牌。去年4月，我给绍棠老师家里打电话，久无人接，我心中便有不祥之感。多日之后，电话通了，是曾彩美老师接的，说是绍棠老师病危入院。我问何病，答曰肝病，腹积水，数日后专家会诊。我不懂医，便问妻子腹积水有多厉害，妻答，能要人命。我心里咯噔一下，便焦急等待会诊结果。后来排除了癌症嫌疑，绍棠老师事后说，是"改判了死缓"，身体里多种脏器都出了毛病，"像一只机件全部伤损的老表"。

绍棠老师出院后我曾去看过他，依然是有说有笑，如同一个无忧无虑的孩子，不知生死，不知苦乐。他未必不知死亡意味着什么，只是在死亡的威胁之下不露惧色罢了。他是一只九命鸟，20世纪80年代以来曾多次走到了阴阳界的边缘，却每次都是好了伤疤忘了疼，变本加厉地工作。1984年突发疾病后，他在静养的三年中竟然完成了《敬柳亭说书》等四部长篇。这一次死神来叩他的门，见他仍蜷缩在病榻上马不停蹄地梳理、校订他的多卷长篇小说《村妇》，也许是出于不忍，又放过了他。然而，他的幸运牌终于打光了，他无法再逃脱。

他自己才是"罪魁祸首"，他焚膏继晷地写作，如同《早晨从中午开始》里的路遥。辞世前一星期，他已无力读

刘绍棠，80年代（由中国现代文学馆提供）

书，便请郑伯伯念给他听。而后，他伏在案上，将头深埋在双臂里，说："我太累了，先休息一会儿。"这是郑伯伯后来的描述。

他曾说过，与其坐以待毙，不如垂死挣扎。但是不论他如何大义凛然，视死如归，这种竭泽而渔的工作方式，终究是不可取。对我的劝告，他大都一笑了之。1984年病魔初访，是由于他连续四十八天的昼夜辛劳招致的；1988年中风偏瘫，也与拼命写作脱不开干系，用他自己的话说，从此沦为"老、弱、病、残"四类分子；1996年，他的肝腹水已重达九公斤，在别人早已疼痛难忍，他却忍着，隐瞒不报，实在熬不过去了，才勉强同意去了医院，经过治疗，算是涉险过关。他又活泛起来，家里总是访客不断，他的书房、客厅的沙发上，坐满了访者，像接待站，桌子后面，坐着一个笑容可掬的接待员。我知趣，去得少了。甚至春节，只打个电话，问候一声而已。1996年年底，我去给他送一本国画挂历，未去叩响他的房门，而是放在了楼下的《北京文学》杂志社，请他们转交。后来开作代会，他当选中国作协副主席。我在京西宾馆见了他一面，他很忙，精神却好，只是瘦了许多，坐在房间的轮椅里，被透过窗子的阳光映照成一个生动剪影，一副仙风道骨的样子。我料定他会期内得不到休息，房间里果然早有访客，便没多谈什么。不想这一次，竟成永诀。

再见到他，他已躺在八宝山革命公墓告别大厅的花丛里。1997年3月21日，我向他的遗体深深鞠了三个躬。这一天，他的老朋友们纷至沓来，与他相濡以沫四十余载的老伴曾彩美静立一旁，泪流不止，而他已全然不知，低回的哀乐，隔绝了人间所有的温热和欢笑。

二

曾有不止一位文坛挚友劝我，不要与刘绍棠过于亲近，刘毕竟是"左派"，太近了对自己不好云云，我一笑了之。我感谢朋友的直言，换了别人，不一定会说这番话，所以我不怪他们，要怪，也只能怪他们太不了解绍棠老师了。但我热爱绍棠老师，一则，他并不是所谓的"极左分子"；更重要的，却在于他的人格魅力。他那么真实，没有虚假，没有粉饰，没有"技巧"，在更多的时候，我并不把他当成一个作家看待，而是当成一位亲近的长辈，一位善良的朋友。

"左""右"之分不知源于何时，董桥先生断定与1789年大革命之前，法国议会里中产阶级和贵族阶级的座次位置有关，不知确否。绍棠老师运气着实不佳，总是被不合时宜地排错位置。1957年"反右"，他榜上有名，而且是领袖亲点，在劫难逃；20世纪80年代以来，"极左"遭人唾骂，绍棠老师又稀里糊涂地被逐上左席，这些，都不过是误会罢了。用他自己的话说，他是"'左'眼中之右，右眼中之'左'，令人左右为难"。他左右为难，别人却左右逢源，洞悉时下的流行趋势，该"左"时"左"得干脆，该"右"时便又"右"得彻底。归根结底，绍棠老师太老实，不懂察言观色，犹抱琵琶，永远说自己想说的话，所以，他就像苏东坡一样，永远不合时宜。绍棠老师说："我一不'左'，二不'右'，三也不中，只要一个正。"他主张文人要像鲁迅一样"去粉饰，少做作，少卖弄"，他不当部长，不当表演艺术家，只做说书人，以此为本分，人性中的善，会被他的风格浓郁的乡语村言，霍然唤醒。所以我们最信赖他，就像最终信赖自己的父亲。

刘绍棠之所以被视为"左派"文人，也许与他以一个少年布尔什维克的身份进入文坛的经历有关，他同许多掌管意识形态的官员，乃至中共领袖，都保持着密切的私人友谊。这一点，文坛内外许多人都十分明了。但是，他们却不一定知晓，1984年，时任中共中央总书记的胡耀邦曾恳请刘绍棠出任文化部部长，被刘绍棠婉拒。当时他以一个十二年（1984年至1996年）创作完成十二部长篇小说的庞大计划来抵挡，他的决绝，至今无人翻版。

他敢于将自己的文学笔触伸入政治题材的"雷区"，至少也可以说明他并不"保守"。他曾试图写一部政治题材的长篇小说，通过一个村落的成长来折射20世纪中国的历史沧桑，揭露国人在政治运动的风云际会中的矛盾、争斗、倾轧、残酷。我知道他是个我行我素的人，"一蓑烟雨任平生"，所以他的生命才开阔、潇洒、健康、无忧。

三

刘绍棠总令我联想起屠格涅夫，亲爱的老屠格，像俄罗斯的河流一样不朽，像初恋一样洁净，像秋日的天空一样辽阔。刘绍棠的善良明净，让我们对他总是心存感激。

他永远都是替别人着想。他因言获罪，含冤二十余载，却从不曾为了自保而害过别人。一篇《西苑草》曾使小说原型受到株连，他为此寝食不安，自责不已。

他如同老母鸡一样，将身边的年轻人保护在自己温暖的羽翼下。从点评文字、安排发表到调动工作，事无巨细，他来者不拒。他的小说《蒲柳人家》里有一位何大学问，是跑生意的，为人厚道，别人用钱，他抓起一把就给别人，数都不数。绍棠老师在性格上很像他，或者说他很像绍棠老师。背叛他的人也是有的，在绍棠老师的"使用价值"被用尽以后，便一去不归。可绍堂老师从不抱怨什么，仿佛一切都是他的本分。

由于彼此都忙，我们很难见一次面。我默默地关注着他，他也同样默默地关注着我。他称我们是忘年交，实际上我们之间保持的是一份淡淡的、持久而纯真的友谊。几次开会时

中国气派，民族风格，
地方特色，红旗题材。

题赠钱鸣同志。

刘绍棠

（一九九□·十一·廿）

见到他，他总被一些头面人物簇拥着，我便远远地望着他，不再上去打扰，有时见他的视线无意地扫过来，我便微笑着向他点头，不知他看到没有。有一次他急了，坐在主席台上，对着麦克风就喊："祝勇来了没有？"我坐在下面，连忙举手，这次他看见了，不禁笑了。

那是一次学术研讨会，本来安排的是研究刘绍棠的乡土文学，由于他横竖坚持，改为纪念鲁迅。如果没记错，那一天应是1996年9月25日，在华都饭店，纪念鲁迅先生逝世六十周年。时间很短，固定发言只安排四人，前三人都是资深学者，第四人是我，绍棠老师的刻意安排。我曾写过一篇《窃天火，煮自己的肉——不该忘却的鲁迅》，发在《博览群书》月刊上。绍棠老师特意找来看了，觉得不错。文中写道："在这个歌舞升平、文人的骨头普遍变酥的年代里，鲁迅就是一杯强壮我们精神的烈酒，它会温暖到我们的神经末梢，让我们拨开俗世颓废的荆丛，重归早已荒芜的英雄路。"这句话，对刘绍棠同样适用。

四

经过一个难熬的长夜，天光刚刚开始放亮，他的心脏就停止了跳动，离别了这个给了他太多幸福与苦难的世界，连辞别都没有，挥一挥衣袖，不带走一片云彩。在医院住院部八楼二十八号病房，人们为他穿上藏蓝色中山装、黑色圆口布鞋，他神色安详，一如生前。10时57分，一袭白布覆盖了他的全身，一束淡黄的菊花，静静摆在了他的胸前。

那天中午，几星苦雨飘落下来。

豆棚瓜架雨如丝。这雨，他该是熟悉的。

1997年3月22日

2009年7月30日改

孤旅者张洁

张洁老师的散文集《世界上最疼我的那个人去了》刚刚由人民文学出版社重版了，她的小说代表作《无字》不久前也被人民文学出版社收入《茅盾文学奖获奖作品全集》出版。翻读张洁老师的这些作品，心中不禁想起与张洁老师交往的一些往事。我认识张洁老师较晚，应当是在2005年或者2006年。张洁老师是作家徐小斌的朋友，我也是徐小斌的朋友，朋友的朋友，也就成了朋友。

初次见面，是在张洁老师的家里，小斌姐说张洁老师看了我的文章，想认识我，我们就约好，一起去了张洁老师家做客。张洁老师不让我叫她张洁老师，这倒难住了我，一时不知该怎么称呼，她说，就叫张洁吧。

开始时很不习惯，因为她是长我近三十岁的长者，是中国唯一两次获得过茅盾文学奖的尊者，直呼其名，实在开不了口。但她立场坚定，不容置辩，时间长了，彼此熟悉了，也就习以为常了，反正大家都是这么叫的。如今张洁老师已去了天堂，我还是尊从她的意愿，直呼其名。

人如其名，张洁给我最直接的印象就是洁。那时候她已近七十岁，打扮却仍是那么素洁优雅，不像有的女士，一入老年就自暴自弃，首发飞蓬，面如灰土，张牙舞爪，睚眦必报。每次见到张洁，她都是那么干净爽利，衣着得体，有时还配上小碎花围巾，简洁中透着精心，不失知识女性的品质感，让我相信有些女性是越老越美的。就像我读大学时见过的"九叶诗派"的重要诗人、翻译家（《巴黎圣母院》译者）陈敬容，那一年她也是七十多岁，人很清瘦，我记得她穿着一件米色小西装，风度翩翩，格外精神，是我想象中的"五四"后期知识女性的秀雅形象。

　　张洁的家也非常干净，一尘不染。我想她是有洁癖的，也目睹过她反反复复擦地板的模样，真是害怕有一粒灰尘落下。她的女儿在美国工作生活，她一人独居，红帽子楼是作协分配的房子，面积不大，家里的东西不多，反而显得眉目清晰。我记得房间里有一台钢琴，那一代作家中家里有钢琴的并不多见，即使有，也多为孙子、孙女学琴而买，张洁家的钢琴，我想是她自己弹的。我没有听到过她弹钢琴，但我见过她画的画，有一幅就挂在墙上，她还给我看其他的作品，叫我评鉴，可惜对于油画我并不内行，只是觉得她找到了自己的绘画语言。

　　她性格直率，眼里不揉沙子，说话直来直去，不会拐弯，

张洁（由兴安提供）

想必也因此得罪了不少人。我读《王蒙自传》，说有一次周扬和作家们开会，周扬说："你们也要体谅各个地方的领导干部，你们去试试，不一定比他们干得好嘛。"张洁当场驳斥："那让他们来写写小说嘛。"读到这里，我不禁莞尔，是张洁的性格。

张洁给我讲过一件事：20世纪80年代，也是作家的一次什么会，一位姓刘的报告文学作家见到张洁，说："张洁，我能拥抱你吗？"张洁干脆利索地回答："不能。"

我也经历过类似的尴尬。有一次张洁跟我聊到了她的长篇小说《无字》，因为不久之前《无字》刚刚获得了茅盾文学奖，张洁就问我怎么看待这部小说。我说这部小说以一个家族几代女性的婚姻遭际为主线，描绘20世纪中国波澜壮阔的大历史，以女性视角、恢弘的笔法对时代大背景下的人性进行了深度挖掘，既厚重，又独特。张洁听了半天，问道："你看过这部小说吗？"我一下就露了馅儿，因为这部三卷本、80多万字的小说，我哪能一朝一夕看完，当时只是看到《书摘》杂志上的小说缩写，以及一部分篇章而已。我所说的，是从我能够阅读的部分里得出的结论，也不能算错吧。但张洁这么一问，还是让我冒了一头冷汗，觉得这位张洁阿姨真是太直率了，说话一点不留情面，但归根到底，还是自己太浮夸，不实事求是。张洁虽然没有多说什么，善意地转移了话题，我却深感警醒，告诫自己：以后要有一分根据说一分话，要心怀敬畏，不可胡言。

张洁的这种性格很多人不喜欢，我倒觉得挺可爱。或许因为我是她的晚辈，所以不觉得她批评我有什么错，假若是她的同代人，可能会受不了。我觉得她有一个非常好的品质，值得我学习，就是她的心里虽然装了太多的恩恩怨怨，但她从来不讲，对我这个后生讲的，都是一些细枝末节，无关痛痒，算是文坛花絮吧，无碍大局，即使2006年，我们在西班牙见面，有大把的时间聊天，她也只讲往昔的趣闻，不涉及文坛八卦、他人隐私。我听到过其他前辈作家用最刻薄的话骂张洁，但张洁从不在背后说别人坏话，泄一己私愤，也从不在别人面前给自己贴金。

2022年，我从《光明日报》上读到韩小蕙老师怀念张洁的文章《怀念，也是不能忘记的》，说"早在1989年，她就获得了意大利马拉帕蒂国际文学奖，这个奖一年只授予一位作家，博尔赫斯、索尔·贝娄都是其得主"，"后来张洁又获得了意大利骑士勋章，以及德国、奥地利、荷兰等多国文学奖"，"1992年张洁当选为美国文学艺术院荣誉院士，这是至高的荣誉，因为这院士全世界只有75人，不增加名额，去世一人才增补一人，获此殊荣的中国作家只有她和巴金"。这些都是我看韩小蕙文章知道的，从来没有从张洁嘴里听到过一个字。在我眼里，她是一个热爱写作的作家、一个热爱生活的人。她的一切，都是那么真实，不需要伪饰，在多事的文坛上，这是多么珍稀的品格。在我看来，这是张洁最大的洁癖——精神上的洁癖。这样的洁癖让我尊敬，这样的品格也影响到我的处世为人。

2006年，张洁说她要去西班牙，我从美国回来，正好要绕道西班牙，和我的老朋友、画家冷冰川见面后再回国，我们就约好在马德里见面，接头地点，是马德里市中心塞万提斯雕像。那时还没有手机，尤其在国外，联络十分不便，只能按照之前邮件上的约定行动，不能更改。我先到马德里，一切安排停当，就按预定时间去了塞万提斯雕像，等了许久，怀疑自己的记忆是不是有误，直到在一片白种人中看见张洁的身影，才踏实下来。我觉得很不可思议，也很佩服她，这么大岁数了，还一人独行，到遥远的异国。

那时张洁脚力尚好，在马德里，从普拉多美术馆到马约尔广场，每天走很多路，看画展，吃美食，兴味无穷。我心想我应该多照顾这位老人，后来发现她一点也不需要照顾，比我还精神头十足。她带我去马德里的菜市场，那里整洁干净，各种瓜果蔬菜红红绿绿，犹如一个大花园，每去菜市场，张洁都面带喜色，会买一些当地的水果，有的我连见都没见过。看得出来，她是一个热爱生活的人。当然，这是一句废

在汉堡接受德国《明镜》杂志采访，1986年（由兴安提供）

张洁与美国著名作家阿瑟·米勒及夫人英格（由兴安提供）

话，一个作家假如连生活都不热爱了，怎么还会热爱写作呢？

每天回到酒店，我们都会在公共区域小坐。张洁不喜欢那种星级酒店，而是选择老式公寓改造的酒店，有欧洲电影里那种老式电梯，只能站一个人、最多站两个人的。这种酒店没有大堂，有一个公共区域，摆三两只沙发就不错了。我们晚餐后会坐在那里聊天，听她讲她的创作经历，讲零零碎碎的文坛往事。她说出的名字，都是我读中学、大学时从文学期刊上见到的文学大家。她讲得投入，我听得入神，这不就是只有我一个听众的文学讲座吗？只可惜当时不便记录，事后也没有追记，时日一久，几乎都忘光了。我不做记录不仅仅是因为手懒，还有一个原因，是我觉得不便将这些个人谈资记录下来，事后发表，这对谈话者很不尊重，显得过于功利。朋友交而不信乎，我想张洁正是出于对我的信任才讲这些人、这些事，假若我将她所说的内容写下来发表了，就有违她的信任，尽管它们可能成为宝贵的"新文学史料"。

我不仅没有把张洁与我的谈话记下一个字，而且从没有请张洁在书上签过名，甚至没有一张与张洁的合影。

我与张洁的交往，几乎没有留下一字一物的纪念，是彻彻底底的"无字"。

那次去西班牙，有一事让我感到愧疚，就是在行将离开马德里的时候，张洁要去一个海边小村（名字我已忘记），我

张洁油画作品（兴安收藏）

则要去巴塞罗那见我的朋友冷冰川。其实我感觉到张洁是希望我陪她去小村子的，但我和冷冰川已经约好，不能爽约，于是想拉她同去巴塞罗那，她坚决不去，我们就只好在马德里分别了。尽管张洁独来独往惯了，但看到一个老太太形单影只地离开马德里，我心中还是感到不忍。后来我一想到那次西班牙之行，心里就会升起一种说不出的愧疚。

独来独往、孑然独行，这是张洁给我留下的另一个鲜明的印象。王安忆形容张洁是"冰雪聪明"，认为"人有的时候不该这么聪明，真是这么聪明的话会给自己造成伤害，太灵敏了，就变得脆弱。还是稍微笨一点好"。王安忆是善意的，也说中了张洁的个性。人需要圆融，甚至需要烟火气，但张洁像个仙，太清洁，所以她会感到孤独，不合群，容易和周围的环境形成一种紧张关系。张洁喜欢和我们这些小朋友（还有宁肯、兴安等）相处，是因为我们是晚辈，不会和她形成这样的紧张关系，我们彼此都会感到安全。当然，这样的个性成就了她的文字，她作品里的爱与恨都是尖锐的、决绝的。她是中国文坛上的一个孤旅者，也成就了中国文学的一段神话。百年孤独，这四个字，几乎可以用来概括她的一生。

还有一事不只让我感到愧疚，甚至让我感到永远的自责——虽然回北京以后，我曾去红帽子楼看望她，然而自从张洁被女儿接到美国之后，我终日陷入自己的事务堆中，一直没有与她联系，等我"百忙之中"想起与她联系，就得到了她去世的消息。我想借这段文字，向张洁道歉，希望她在天堂里能够听到。

她在最后日子里给兴安发来一信，信中说：

> 因为距离哈德逊河只有一百多米，河堤上是林荫大道，虽然烈日炎热，但树荫浓密，树下是一个接一个的长椅，我很多时间都消磨在河堤的林荫大道上了，什么也不想，就是坐看河上的风景。
>
> 过去的一切都远离了我，就像没有发生过，也毫无遗憾之感，人到了这个地步，也真奇怪了。

不倒的草叶

一

在郑元绪眼里，兰州是一座安谧、悠缓而温馨的城市，近在眼前的皋兰山脉，给这座边塞城市平添了几分深厚与质朴的气息。在这座城市里，听不到过多的喧嚣，也没有那么多嚣张的欲望，人们更多地本分而真诚地生活着。这是一座充满人情味的城市。

就在这座城市里，《读者文摘》以一种温文尔雅的面貌出现了。那些充满温情的诗歌散文、带有人性眼光的纪实作品、优雅简洁的版式以及灵动别致的插图，如一把舒卷自如的折扇，于滚滚红尘之外，送来一缕清风。

创刊时间是 1981 年，十一届三中全会后的第三个年头，也是郑元绪结束河西走廊十年生活来到兰州的第三个年头。当时国内刊物不多，而且大多沿袭着刻板的话语方式，尚未完全从旧有的惯性中解放出来。

《读者文摘》精心营造语境，刚好填补了政治浩劫之后人们情感上的真空，对改革开放之初的人性解放起到了催化作用。

80年代末，郑元绪在编辑部（由作者提供）

在我心中，在当下的中国大陆，因为刊物而成为文化名人的，仅有两人，即"二读"的主编，一个是《读书》的沈昌文，再一个，便是《读者文摘》的郑元绪。

老郑说他并不是主编，只是参与创办，干了十数年，主持刊物工作。我说他是刊物的灵魂，他笑笑，没有否认。

一家刊物的历史地位，取决于它在当时的文化旋流中扮演的角色。如果说《读书》倚重于"铁肩担道义"，注重知识分子终极理想的追寻，那么《读者》则更倾向于"妙手著文章"，看重道德的感化与心灵的塑造。在"理智与情感"的天平上，两刊各有侧重，各把一方，分别在各自的领域中达到了极致。

郑元绪对过手的稿件如数家珍。至少，前十年的《读者文摘》，说起哪一篇章，他都会立刻说出刊于哪一年哪一期，很多年以后，郑元绪和我坐在北京地坛附近一家川菜馆里聊天，他便复述了《读者文摘》的许多段落。毕竟，那是他的心血。许多年中，老郑都是亲自发稿。

郑元绪喜欢登高。编辑部坐倚山脚，仿佛是上帝有意的安排。老郑时常在昏晚时分上山，在山顶，坐看残红散尽，苍茫四合。有时他一直待到夜里，一个人，想着自己生命的来路与去处，或者不想，人生的种种悲欢喜乐都在这无边的清夜里遁形。

灯火阑珊的城市，一直延伸到他的脚下。

二

胶皮轮子不规则的吱嘎声,从郑元绪最初的记忆里碾过,那时他四岁,被母亲怀抱着坐在胶轮大车里,从山东,千里迢迢去北平找父亲。

那是冬末春初,北风呼呼地刮着,衣服在风中鼓胀如饱满的旗幡。顶着狂风,一天走不了几十里。

生命中最早的记忆,是漂泊。

这是否预示了郑元绪一生的命运?

那天,在山上,老郑满怀留恋地做着深呼吸,呼吸着兰州的气息,心里想:离开这块地方的时候,到了。

《读者文摘》早已走上了正轨,甚至可以毫不夸张地说,在中国报刊界,它创造了一个奇迹。它自诞生以后,便稳步登上国内报刊发行之巅。即使在报刊竞争空前激烈的20世纪90年代中期,它仍以每期三四百万份的天文数字高居榜首,傲视群雄。再有雄心的报刊巨子,只消遥望一下《读者文摘》的市场份额,都会陡然间失去信心。

老郑发过一篇稿子,叫《五十岁该干什么》,讲了年轻时代的种种渴望与实现渴望过程中的种种辛劳,文章最后写道:五十岁,我最大的愿望是——躺下来,尽情地,睡一次懒觉。

老郑深有同感,但他自己停不下来。停下来,会觉得闷。

他从兰州的气质里，感受到某种缺陷。它固然淡泊，但又过于沉稳。他如同年轻人一般，厌倦一成不变的生活，总是期望给自己的生命注入一些新的东西。圈里人都清楚老郑离兰赴京，有他个人生活上的原因，但未必能体察涌动在他心底的寻求新的生活方式的渴望和激情。

之所以迟迟未能辞别《读者文摘》，一是因为改名风波尚无定音，他不踏实，更重要的是，他舍不得。

他舍不得他和杂志、和同人们的那份情感。逝去的日子不是流水，而是血脉；手边的工作不是职业，而是生命。老郑曾阅读过一篇稿件，读得流泪，又给编辑读，编辑亦流泪。编辑们一个一个地传阅，便一个一个地接连下泪。遂一致决定将此文刊出。老郑至今仍记得文章的题目《忠烈家风》，是讲对越自卫反击战的一个故事。文章发表以后，读者来信如潮。有一位读者说他是坐在自家的院落里读到它的，竟情不自禁地念出声来，被一位邻人偶然听到，便悄无声息地驻足谛听，接着又有了第二个、第三个听众，到最后，竟然听者云集，大家安静地聆听着，院子里悄无声息，只有朗读的声音在暮霭里越荡越远……编辑专注地读着这封读者来信，蓦然抬头，发现办公室里原来也站了好些人，大家都在默默地倾听……

青海湖，纯净高贵、不动声色。他们同去，在湖边发愣，呼呼啦啦，全体跪在湖畔，顶礼膜拜。自拍相机记录下了这个瞬间。他们将这张照片挂在编辑部最显眼的位置，是他们生命里最重要的时刻。

对已逝岁月的留恋和对未来生活的憧憬不断地拉扯着老郑，令他备受煎熬。这实际上是理智与情感的较量。终于，老郑决定要走。如烟的往事记忆，是他随身的行囊。

1993年，他频繁奔波于兰州与北京之间，与美国《读者文摘》无休止地交涉和谈判，最后妥善解决了刊物的改名问题。改名风波并未降低刊物的发行量，相反，刊物的订数却有增幅。他觉得心中释然了。1994年4月，老郑踏上行程，南下广州；同年9月，又携简单的行囊，到了北京。

老郑走前一个月，编辑部一片沉寂。

终于要走了。郑元绪最后望了一眼天边绵延的山影，对朋友们说："请你们不要对我期望过高，此次东行，我不是去闯事业的，我是去谋生。"

滚动不停的胶皮车轮，以及冬天里无边的大雪，伴着有节奏的列车轮响，渗进老郑飘摇的梦里。

三

老郑在梦里看清了，身边一眼望不到头的，竟不是雪，是荒漠。

列车停稳，郑元绪下了车，在二十多年前的那个小站。

所谓车站，只是一间狭小低矮的平房，孤零零地站在茫茫荒漠的中心。

方圆百里千里难见一个人影，甚至连一根树枝、一片草叶都找不见，荒漠，如同白纸一般干净。就是这除了尘沙和地平线之外没有任何景观的荒漠，呼呼啦啦，一下子来了上百的年轻人，突然变得热络喧嚷起来。

周遭尽是松软的浮土，一脚下去，便没了脚面，一步步行走，比在失重的太空还难。有解放军，就这样领着他们，深一脚浅一脚地到了驻地。这里是号称"世界风库"的安西，一个叫作东郊畜牧场的地方。高大宽阔的羊圈，收拾收拾，搭了通铺，便可睡人。附近几个连队，都是全国各地分配（或者说发配）到甘肃来的大学生。

自然没有电。到了晚上，同学们便轮流呈辐射状聚拢在唯一的一盏油灯前写家信。离京前夕，郑元绪指着地图上的兰州说，他将到这里去工作。母亲目光迷茫地说："这么远啊！"那是1968年，郑元绪刚刚从清华大学毕业。那时他还不曾想到，要挨过漫长的十年，他才费尽周折地正式进入了地图上他曾指给母亲看的那个小圆圈。

老郑在大学的专业竟是核物理，这一点，他若不说，打死我也想不到。

四岁的郑元绪随母亲在北平找到了父亲，便住了下来。

1962年，他考入清华大学工程物理系原子能反应堆专业，学制六年。因父亲系职员出身，祖父成分又高，郑元绪便成了先天的"异己分子"，好在尚属"可以改造好的"之列。1966年夏，在农村搞了近一年"四清"的郑元绪回到学校时，清华大学的"文化大革命"早已如火如荼。蒋南翔的"老巢"被挖了出来，运动不断深入，满怀热情地要锤炼自己的郑元绪日渐迷茫。郑元绪还记得一天夜晚，熟睡中的同学们被突然惊醒，要求立刻返回阶梯教室，在白天上课的原座坐好，不得有误。惊慌失措的同学们吵嚷着，杂乱无章地寻找自己的座位。片刻的骚动之后，终于安静下来。同学们心情忐忑，气氛颇为紧张。一个头目便走到一个座位上，把一位同学带走。其余人等，可回去继续睡觉。后来得知，这位同学上课时，在课桌上画了一枚火箭，不想火箭头正好对着院子里的毛主席塑像。

郑元绪作为和反对林彪的"反革命分子"多有接触的人，亦被多次审查。那位由公安部直接抓走的"反革命分子"就在他的班上。1968年，郑元绪终于在忐忑不安中，毕了业。

郑元绪飘到了甘肃安西。他挺心满意足。"天寒白屋贫"，尴尬的现实处境令他怀想的竟是唐诗的意境。再艰苦的地方，只要有年轻人，就有歌声和笑声。白天，郑元绪和同学们卖力地打地垄，修水渠，全然不知在这块土地上无论怎样劳作，结果也只能是颗粒无收。晚上，还要拖着疲累的身体排练节目。在生命中最为苦涩的一段时光里，他尽可能地保持着昂扬的情绪。当我打量郑先生的面庞，我想，他朴实平易的个性，也许与他20世纪70年代在甘肃与工农群众摸爬滚打的经历有关；他坚强、乐观，生命中没有什么突来的变故能够将他轻易打倒，如一颗草种，风吹到哪里，都能生长出草叶，可他同时又敏感而脆弱，不是大大咧咧、没心没肺。这彼此矛盾的方面，共同构成了郑元绪，相辅相成。

郑元绪真正想起自己还是个"知识分子"，要在这世上做点事情，是在1978年12月一个星月交辉的静夜。他记得那晚他刚由酒泉赶到兰州，在一个小旅店里，他听了半导体里播送的三中全会决议，他感到，世界要变了。

当他第二次赶往兰州，寻找接收单位时，知识分子归口工作已近尾声，"落实政策"工作组行将解散。匆忙中，这位核物理高才生，被分到了甘肃人民出版社。

五十而知天命。年逾半百，该得到的，早就得到，尚未得到的，亦无须强求了。弘一法师说："五十向晚，凡事心中了然，可不忿不争矣。"

而郑元绪的心境，却总是令人难以和他的年龄挂钩。他的心气，像二十岁。

五十岁，老郑开始了新一轮的漂泊。

四

老郑到了北京。他曾在这里居住、求学，又无数次来这里出过差。这一次，却是谋生。

除了随身的行囊，他一无所有，和京漂的年轻人没有什么区别。

他甚至不提《读者文摘》，在他看来，过去的资历，于今天并无意义。一切都需要从头开始。

他有这个勇气。

几年中，他游走了几家刊物编辑部，最后落脚在新闻出版署《全国新书目》月刊社。

这原本只是一个通报图书出版信息的业务刊物，到了老郑手里，却摇身一变，成了一个颇具文化品位、充满书卷气的杂志。里面的二十多个栏目，都是老郑和同人们精心设计的。每篇书摘，前面都有一篇书话，再印上书影插图，至多不过两面，形象简洁而明快，文字却往往深邃而沉郁。他摘发张炜的《心仪》，张炜文字已经很精短了，他不甘心，便再删削，至极短，果然更显精要。他的编辑功夫，令人望尘莫及。

老郑在北京西三环附近租了房子，自然不比兰州的舒适，他却心满意足。每天清晨，他要在高峰期的人海里蹭车一小时方到单位。老郑对生活的适应性极强，湖南《书屋》的周实对我说："老郑了不起，拿得起，放得下。拿得起容易，放得下难。有的人看似不一般，一个细微的变化，就可能将他打倒。而对于老郑，命运中仿佛没有什么东西能够将他击垮。"

老郑人好，北京书界的朋友便对他好。别人对老郑不好时，老郑知道该如何对付他们；可是当别人对老郑好时，老郑却往往不知所措。有一天晚上，老郑心中涌起莫名的烦闷，思之再三，终于拨通了"万圣"甘琦的电话。甘琦问道："郑老师，有什么事吗？"老郑说："没有，只想聊聊，我给你念一段话吧。"老郑于是念道："流动着的好书，宛若游丝，穿潜于人类精神之旅，时明时昧。有时候，只消过一遍书名，那无可抗拒的智慧之美的光泽便会在人的性灵空间中漫射开来，落下印痕，不复收拢……"那是甘琦写的。听罢，甘琦沉默良久。她问老郑是不是有什么苦恼，说来听听，也许可以帮助。老郑说："你已经帮助我了。谢谢你。"

世事倥偬，人们已经习惯于有事时才打电话。于是，在老郑心里，在无声的清夜里能和友人这样不受拘束地倾谈，已经是一种久违的幸福了。

老郑喜欢站在二环路的天桥上俯瞰川流不息的车河。那些形态各异的车子飞逝如矢，一个接一个地，从桥下呼啸而过。在老郑眼里，它们是一种象征，这个急遽变化的时代的象征。北京的节奏与兰州毕竟不同。老郑喜欢北京。不断有新的挑战和新的机遇来临的地方，才是他心甘情愿地放逐灵魂的地方。

1997年5月17日——18日

1997年8月14日改

2009年7月30日又改

鼾声如"雷"

一

我和雷达老师，不得不说的段子有很多。

大约是2010年，北京作家代表团去波兰、匈牙利访问。此前我曾去过美国、日本、西欧，还没有去过东欧，而我少年时代（20世纪70年代）所能看到的外国电影，除了朝鲜电影，就是东欧电影最多，像阿尔巴尼亚的《海岸风雷》、罗马尼亚的《多瑙河三角洲的警报》、南斯拉夫的《瓦尔特保卫萨拉热窝》等等，尤其是电影里充满异国情调的街巷、波澜壮阔的爱琴海、身穿皮夹克的游击队员，都为他们的"革命"提供了一个"洋气"的背景，为我们波澜不惊的日常生活点燃激情。更不用说，20世纪80年代以后，东欧文学（如米兰·昆德拉、米沃什）在中国的影响更加势如破竹。所以那一次去东欧，我的心情十分明亮，要说"美中不足"，那就是那时公务出国，要两人一间，而根据组织的安排，与我共居一室的，正是雷达老师。

雷达老师是我国著名文学评论家，文坛上几乎没有不认

雷达（由雷容提供）

识他的。但并非所有人都曾有幸与雷老师"同居"。雷达老师有一个特点，就是睡觉打呼噜，鼾声如雷。因此在抵达波兰第一天，我们住在克拉科夫（中欧最古老的城市之一，已有1300多年历史）一家酒店里。雷先生就很歉疚地有言在先，他的呼噜可能具有某种震撼性，如果我怕呼噜，就让我先睡，我睡着他再睡。其实我也打呼噜，因此我也心中忐忑，假如雷达老师真是雷达，对风吹草动都很敏感，岂不罪过？

两个都打呼噜的人"同居"一室会发生什么，我从来没有实验过，完全无法预想。后来发生的情况，也完全在我的意料之外。

二

话说那一天，长途奔袭（从北京到克拉科夫需在维也纳转机）加上时差，白天还要参加活动，我们都疲倦至极，好不容易挨到夜幕降临，我们东拉西扯一会儿，就各自洗洗睡。我的文学影响力与雷老师不可同日而语，但打鼾的实力应该不在其下，因此也就无须谦让，一二三同时卧倒。但我有一个缺点，就是心理素质差。知道雷达老师的呼噜实力不俗，心里总是惦记这件事，就一直睡不着。雷达老师心宽体胖，睡眠很好，片刻工夫，就鼾声如潮，一浪接一浪，后浪追前浪，一整夜没有风平浪静。我见大势不好，话语权完全丧失，心里拼命数羊，却毫无效果，只能在雷老师的伴奏下，翻来覆去，翻腾了一整夜，最后干脆坐起来，看着窗外的街景一点点亮起来，街上开始有人走动、跑步、遛狗，崭新的一天开始。

那一天，我对雷达老师充满羡慕嫉妒恨，因为他美美地睡了一觉——这是我亲眼所见的现实，而我却一夜未眠——加上旅途中的一夜，应该已是两夜了。但更"雷"人的地方还在后面。天大亮，我看见雷老师很从容地起床，洗漱之后，和蔼可亲地对我说："祝勇啊，你昨晚的呼噜太厉害了，我一夜没睡！"

我彻底崩溃。

至于雷达老师为什么得出这样的结论，我至今无法求解。

难道人的记忆，如此不可靠？

三

人是有适应性的。我不得不适应了雷达老师的呼噜。

当然，雷达老师也有着同样的"不得不"。

我想，访问团中，我和雷达老师应该算是"绝配"。都呼噜功夫了得，却能相安无事，井水不犯河水。

后来，我们去了匈牙利。

在布达佩斯，我见到我的朋友、翻译家余泽民，他翻译过凯尔泰斯的多部小说，以及艾斯特哈兹的《赫拉巴尔之书》、山多尔的《烛尽》等。余泽民旅居匈牙利多年，娶了一个匈牙利的妻子，生了两个漂亮的混血女儿。余泽民的家就在布达佩斯，最"黄金"的街区，一幢古旧典雅的老房子里。公务活动结束后，余泽民就带我乱逛，看博物馆，泡咖啡馆，或者到他家，一聊就聊到深夜，再坐着有轨电车，回到我下榻的酒店。我想我回去时，雷达老师早已鼾声如雷了。

但故事又现转折，当我后半夜回到酒店，却意外地见到雷达老师坐着看电视。我心生疑惑，问雷达老师为什么不休息，他又说了一句让我意外的话：

"现在没有你的呼噜，我还真睡不着了！"

四

我和雷达老师并没有太多的私交，见面通常在各种研讨会上，雷达老师给人以权威的形象，高屋建瓴，宏大叙事，不容置疑，很难置疑。敬泽说他是"不老的猛兽，立高岗之上，尽览风行草偃"，这话太形象了，立刻让我想起他眼镜片后面机敏的目光，他缜密磅礴的表达。或许那正是"雷达"的价值所在吧。

但在我眼里，这雷达却不失憨朴可爱、古道热肠。2011年，我第一部长篇小说《血朝廷》出版，上海文艺出版社在北京世贸天街的时尚廊举办一个读者见面会。那一天来了许多作家评论家朋友捧场，有邱华栋、徐坤、王刚，还有北京作协的领导李青、王升山等。我面对读者席讲话，讲到一半，看见雷达大步走进来，让我大感意外。活动给他发了邀请，但没指望他来，因为这本身就是一个很小的活动，他年纪大，住得远，而且那天下着雨，交通不便，完全不必来，但他还是来了。我记得那天他讲了一番很实在的话，那时我才意识到，关于我的写作，他有那么深的了解。那一天他讲了很多，我记得最深的一句，是"我知道祝勇想干什么"，让我一惊。说这句话，要基于对作品充分的了解，对文字间动向的把握。我的作品多而杂，但我是有脉络的，也有不可告人的野心，只是我更多蜗居在斗室，很少向人说。这"狼子野心"还是逃不过他老人家的火眼金睛。"雷达"的功力，端的了得。

那一年年底，我从《文艺报》上读到雷达老师写的长篇小说综述，竟与一段对《血朝廷》的评论不期而遇。此番回忆雷达老师，顺便借他老人家的话做一下自我宣扬。在这篇《对 2011 年中国长篇小说的观察和质询》里，他写下这样的话：

　　辛亥革命是中国历史翻开新的一页的重要节点，在这一时刻，古老的传统发生了巨大的断裂。作家们敏锐地发现了这一历史题材的重大价值，意识到这可能是出大作品的宝地，惜乎目前还没有引起很大反响的作品。相比之下，祝勇的《血朝廷》个性较为突出。《血朝廷》试图从多维角度对清末宫廷50年的历史作出新的书写，虽未直接写辛亥革命本身，实际与之息息相关；对晚清50年的研究，其实已被纳入辛亥革命的研究范畴之中。在这部具有非虚构特点却又充满了心理探索的小说中，历史被推为远景，人物被拥向前台。光绪、慈禧、珍妃、荣禄、隆裕、李鸿章、袁世凯……在这一张张已被定型的历史面具之下，作者潜入他们的内心，揭开他们最幽暗、最神秘的精神暗箱……①

五

很久没见雷达老师了，再见，竟是噩耗。

2018年3月31日，我飞成都。飞机落地，照常打开手机，微信中突见雷达辞世的消息，心中不由大惊。掐指算算，他的享年，也只有七十五岁，对于学者批评家来说，正值大好年华。接着，文坛精英、各路人马的悼文便铺天盖地，雷达老师的影响力由此可见。

但此时，我眼前浮现的，不是他把酒论天下事的那份豪

迈，却是他雷霆万钧的呼噜、孩童般的憨笑、在异国环境下
不经意的小慌张，以及对身边人的敏锐关照。

此时，成都的街道上，正下着雨。

2018年4月1日于成都

我眼中的刘恒

　　我很幸运，赶上了北京作家协会的黄金时代。可以说文坛上的老中青精英云集北京作协，写小说的有林斤澜、王蒙、刘绍棠、从维熙、邓友梅、刘心武、张洁、谌容、霍达、凌力、刘庆邦、刘恒、史铁生、张承志、毕淑敏、阎连科、宁肯、格非、程青、邱华栋、徐坤、凸凹等，写非虚构（当时叫报告文学）的有陈祖芬、理由等，写儿童文学的有葛翠林、张之路、金波、曹文轩、杨鹏等，写科幻的有星河等，写诗的有食指、邹静之、林莽等，写评论的有孟繁华、贺绍俊、李陀、孙郁、白烨、兴安、季红真、李洁非、陈晓明、陈福民等，写网络文学的有唐家三少等。

　　这长串名单一列，确有一种星光熠熠甚至大师云集的感觉。可以大言不惭地说（用今天的流行语叫"凡尔赛"），在全中国，恐怕没有一个省、直辖市级作协能够排出这样一个阵容。北京作协的会员中不乏我的恩师，比如刘绍棠老师，也不乏我的忘年交，像张洁、刘心武、张承志等，更有年龄相仿的兄弟，像邱华栋、孙郁、宁肯、兴安、凸凹，但不能

刘恒（兴安 摄）

否认，有许多作家，我都是在北京作协这个平台上得以相识的，比如我所尊敬的林斤澜、凌力、食指等等。那时北京作协搞活动，到郊区去开会，作家们在和平门北京文联大楼门口集合，坐上中巴车，老中青作家济济一"车"，一路上谈笑风声，其乐融融，如今已恍如隔世。

在这样一个群体中，我这个小字辈（当时三十岁出头），虽奉陪末座，却与有荣焉，因为这个作家群体，不论长幼，不论名气大小，更不论什么级别，大家都以文友相待，所有作家都非常谦和，大家平等相待，其他地方作协出现过的互相告状，甚至打架的情况，在北京作协的同人们眼中犹如天方夜谭。

冯骥才老师在《凌汛：朝内大街166号》一书中写道："那时代人和人、作家之间就是这样的关系，一种今天回想起来十分怀念的纯洁的关系。"①他说的是七八十年代，在我初登文坛（假若真有这么一个"坛"）的世纪之交，作家之间也是这样的关系，作协里的作家们，仿佛生活在一个大家庭里。

我是个厌烦开会的人，唯有北京作协的会我愿意参加，因为每次开会，都是这个大家庭难得的团聚机会。作家们平时相忘于江湖，见面时都无比亲切，那就是久别的一家人。所以无论是讨论什么主题，最终都会演变为文学交流会，大家谈论的，都是最真实的写作经验，甚至不乏肺腑之言。北京作协名家荟萃，他们不愧是名家，几乎个个是语言大师，谈话不仅生动，而且时常妙语联珠，还时出"金句"，皆是现场互动时的"现挂"，精彩之极，所以每年北京作协的年终总结会都成了我心中的年终压轴大戏，内心里无比地期待。听他们说话是一种享受，不论他们说什么，于我都是一种滋养。只可惜当时只顾听得开心，没做笔录，时间一过，就烟消云散，没有留下一点痕迹，只有温暖、美好的印象，留存在我的记忆里。

我初被北京作协吸收为会员（后为理事）的时候，北京作协主席是刘恒老师。刘恒自2003年起担任北京作协主席，到2023年卸任，前后整整二十年。这个刘恒不是汉文帝刘恒，在当下，他的知名度恐怕比汉文帝高出许多。作为主席的刘恒是小说家出身，早年当过装配钳工，后来写小说，调入《北京文学》当编辑。我从冯骥才老师的书里读到过一个细节，刘恒当年找他约稿的时候，扛着个大西瓜，满头流汗地爬上冯骥才的阁楼，见到冯骥才说："我是《北京文学》的编辑，我们领导听说你病了，派我来看你，我想总得给你带点什么来呀，就在车站给你买个瓜。"我无法想象冯骥才和刘恒两位文坛大家（刘恒当时还是年轻编辑）一起吃瓜的样子，但那的确是那个年代特有的风景线了。冯骥才先生在书里说：

"这个感动我的细节大概刘恒早忘了，我还记着。"②

八九十年代，我读过刘恒老师的小说《白涡》《黑的雪》《伏羲伏羲》《贫嘴张大民的幸福生活》，这些书在社会上影响都很大。印象最深的，是《贫嘴张大民的幸福生活》里，张大民结婚的时候，在院子里加盖了一间小房，因院子空间太小，院子中还长着一棵树，张大民索性就围着那棵树把床屉挖了再合上去。这显然是一棵带有隐喻性的树，这棵树就是张大民自己，在命运重压下依旧顽强地生长，也可以说是遁入烟火尘埃中的平民张大民心中的希望。

刘恒老师的小说《黑的雪》被谢飞导演拍成电影，取名《本命年》，获柏林电影节银熊奖；小说《伏羲伏羲》被张艺谋拍成电影，取名《菊豆》，获戛纳电影节金棕榈奖，也成为中国第一部被提名的奥斯卡电影。小说《贫嘴张大民的幸福生活》被杨亚洲拍成电影《没事儿偷着乐》，深受小津安二郎平民电影影响的导演沈好放则将其拍成同名电视剧。这些影视剧都是刘恒老师自己操刀改编，他也因此而走上了专业编剧的道路，此后一发不可收，创作了《张思德》《云水谣》《集结号》《杀戒》《我的战争》《金陵十三钗》这一系列电影剧本。

刘恒老师长我十多岁，除了在北京作协开会，几乎没有任何私下接触。在我心里，刘恒就像是一位老大哥，温暖而亲切，每次开会见面，他都少不了嘘寒问暖。每年的年终总结会都是刘恒最后发言，那是总结会的"大轴"。他发言的内容不只是文学，甚至包含着国际形势，但他的语气就像拉家常，声调沙哑却不失温润，不急不徐，语重心长，娓娓道来，又不乏力度。这力度来自他对时代的深刻醒察，启发我们在这样的时代下如何确立自身，其中不乏真知灼见，而这些真知灼见，无不来自他的写作与思考。尽管如今我一句具体的话都想不起来，但我相信这些话对我的写作与人生，都有潜移默化的影响。2020年，他把他在厦门青年导演训练营上的演讲发给我，从这篇名为《永恒的艺术力量》的演讲中，我再度感受到他话语的力量。他说："政治的力量，它通常是有时间限定的。在某一个时间段，它会显示非常强大的力量"，"社会力量也是一样"，"它的世俗性决定了它的脆弱性"。"跟它们相比，艺术的力量更深入，更牢固，更持久。"他以《诗经》举例说："历朝历代的政治动作和社会动作全部死掉了，像尸体埋在土里一样，化为泥沙了。唯有艺术同样被土掩埋，最后化为闪闪发亮价值连城的钻石。钻石恒久远，它的美，它的光芒，它的力量，不会受岁月的消磨。"[③]

我深深认同他的理念，他在厦门青年导演训练营上发表这篇演讲的时候，我正在潜心写作我的《故宫艺术史》。在这本书中，我写下这样的话：

我特别同意"文化中国"这个概念，这是一个
与"王朝中国"相对的概念。"一部'二十四史'，
不知从何说起"，但"二十四史"里的历史全都是
"王朝中国"的历史。……近4000年的"王朝中国
史"，只是中国历史长河中的一段。比它更长的，是
"文化中国"的历史。如前所述，仅新石器时代的陶
器，就把我们的目光引向10000多年前。……因此，
以"文化中国"的眼光打量历史，比起"王朝中国"
更加深远，它所蕴含的价值，也更加永恒。①

　　刘恒老师这些话，就像他每年在总结会上的发言一样，
平易而深刻，直刺人心，看上去好像与每个人无关，实际上
却与每个人都有关，让我们在岁月中变得更加自信和坚韧。
文学，就是张大民床上的那棵树。

　　刘恒怎么看怎么不像一位"领导"（主席），他的身上始
终粘接着一种工人的气质，朴实、真诚而自然，从不说官话，
却又令人信服。我认为刘恒身上是有人格魅力的，甚至认为
作协主席就应该有这样的人格魅力。这种魅力不是外在的，
而是从精神深处散发出来的；也不是刻意的，而是自然的流
露。我的导师刘梦溪先生说过，人要有"内美"，就是内在美

的意思，外在的美是由内在美流露出来的。刘恒老师就是有"内美"的人。所谓的威信，不是依靠打官腔、装严肃，甚至教训人树立起来的，而是像刘恒老师这样，把他的人格力量渗透在平易的言谈举止中。

忘记了哪一年，北京作协在小汤山开总结会，晚上泡温泉。那是我与刘恒老师第一次无遮无碍地"坦诚相见"。刘恒老师做过电视剧《少年天子》的导演（根据凌力老师茅盾文学奖同名获奖作品改编），我向他请教作家做导演的心得。那天他都说了什么我多数都不记得了，只有一句话记得最深刻，或许正是那句话打动了我的心。大概意思是说导演对于视觉作品的感觉，跟我们写作时对于写作的感觉是一样的。一句话去除了我对影视的神秘感，写作经验完全可以运用到影视作品中，只是具体手段不同罢了。后来我做纪录片导演，发现自己注重叙事、强调视角的独特、注重挖掘人性、不做浅层次的所谓"记录"等等，这些都和我对于写作的追求如出一辙。无论导演还是写作，重要的并不是技术，而是对人物内心的深度追求。

后来刘恒老师要写一部关于紫禁城的大剧，2020年5月到故宫来寻找素材。他到了故宫才微信约我，问我在不在班上，说他正在故宫的食堂吃自助餐，可惜我不坐班，当时正在成都写作，错过了与他见面。后来他又约过我，我也约过他，却总是阴差阳错，始终没有见成（疫情三年，北京作协一直没有举办过线下活动）。没能在这部剧上给刘恒老师提供力所能及的帮助，让我非常愧疚，但他一直没有怪罪之意，而且每逢年节都发微信问好。兴安说他淡泊而宽容，敏锐而通达，勤勉而谦逊，这个概括是那么地准确。我想，只有这样的品质，才能撑起他气势磅礴的文学世界，也才能撑起作协这样的摊子。

2023年年底，刘恒正式卸任北京作协主席。那一代对我影响深刻的作家，就这样风流云散了。林斤澜、张洁、凌力、刘绍棠这几位老师已经驾鹤西游；张承志、孙郁这些长兄也已隐遁江湖，"寻常看不见，偶尔露峥嵘"；我们这些当年的"小字辈"、如今的中年作家，像我、宁肯、程青、凸凹，都在各自的角落里默默耕耘，如逆水行舟。在这个时刻，我想起2020年2月24日，刘恒编剧的电影《你是我的一束光》上映前一天，刘恒老师从微信里发来他一页手稿，手稿上有这样的文字："善良是一束光，这束光照亮人生的沟沟坎坎，让我们昂起头来，勇敢地踏上奔向未来的道路，任何困难都无法摧毁我们奋斗的意志！"

命运的深味

燃上一支烟，乜起眼睛，说二十年前的故事：湘黔铁路工地上，伙伴们赤着脚板，在冰冷的河床里挑河泥。时间是隆冬的夜晚，天降大雪，浑身湿透，心在冷风中痉挛，脚冻得僵硬麻木，硌在凹凸不平的地上，毫无知觉。

那时他十五六岁。

这些底层人便是他心目中的沉默英雄。他们的命最苦，没人关注他们。但这世界最离不开的就是他们。为这份不平，周实写了一首长诗，发表在《江南》杂志上，记录下这些劳动者的悲欢苦乐。当然，这无助于他们的悲苦命运，亦不可能使他们万世留名。他们的生活不靠声名。

20世纪90年代，周实在书界声名日隆。然而，出人意料，周实的学历，仅是初中毕业。

周实原本出身于湖南益阳的书香世家，祖父是"有产者"，父亲20世纪40年代毕业于湖南大学。父亲念的书多，轮到周实，却无书可念，是周家的劫数。

1949年以后，周父清楚自家成分不好，便一门心思地与劳动人民相结合。他夹尾巴做人，主动到农村最穷最苦的地方去，摸爬滚打，什么苦活都干，比农民还像农民。"文革"来了，他还是没躲过去。

一夜之间，他被揪出来，理所当然，成了"历史反革命"，尽管他不曾有一句反革命言论。

周实顺理成章地成了"狗崽子"，和母亲一起，被下放农村，周家于是迁到了湘乡。

对于周实来说，生命中的变故来得太早了些。

在湘乡，周实和母亲相依为命，度过了生命中一段难忘的凄苦岁月。

周实刚刚小学毕业。推板车，打零工，他什么都干过。终于，命运出现了转机——"复课闹革命"，使得他有机会回城"念"完了初中。根正苗红的同学被送入高中，像周实这样的"黑五类"子弟，也不能说完全丧失了前途。如果肯去湘西修桥筑路，两年后，可以在城里安排一个工作。

这份"宽大"，令他感激涕零。

他义无反顾地走进了西行的队伍。

他们到了湘西。沈从文的文字和黄永玉的水墨渲染过的湘西，不复当初的诗意气质。周实关于湘西的记忆是这样的：一群在黑暗中挣扎着醒来的少年，懵里懵懂地"早请示"之后，腰间扎上麻绳，肩上挎上箢箕，带着残留的梦影，于山间小路上穿行。他们会在黎明之前到达工地，任开山声、填沟声与打隧洞的声响轰隆成一片，划破山林黎明前的静寂，荡到百里以外。而后，他们摸黑爬回工棚，在油灯下吃酸菜，也嚼辣椒，咀嚼着命运的辛辣味道。他亦曾从泊在江边的货船上，扛起二百斤重的土方麻包，顺着支成斜坡的木板，运到高高的江堤上来。那才叫作举步维艰。一个来回，得到一枚圆形小铁牌，攒够了一定数量，才能吃饭。周实发育尚未完全成熟，但日子久了，他练就了浑圆的腿肚和雄健的腰背。

周实仗义执言，好打抱不平。有人苦累之极，唯一的偷懒办法就是蹲厕所。草秸围成的污秽不堪的茅厕，也能蹲进去一个小时不出来。这意味着别的伙伴要担负这多余的工作量，否则难以收工。周实于是便堵在门口痛骂，骂得人家无地自容，方肯罢休。周实对我说，他骂人词汇丰富，骂一小时也不重样，像机关枪，速度极快。他可以给我"表演"，可惜都是湖南方言，我听不懂。

也许是家族的遗传基因起了作用，周实这时已嗜书如命。他像一条饥饿的狼，面对书本，他的眼睛是绿的。他从家中带来一个铁条箍就的简易木箱，里面满满登登全是书。

周实印象最深的，是人民文学出版社选编的1949年以后的中国诗选和散文选。夜晚来临，伙伴们头一挨枕头便睡死过去，他却要读几页书才肯睡去。那时他对未来并没有什么明晰的设想，任何远大的计划都是不切实际的，他读书只是出于本能，如同吃饭、喘气一样，是生命中不可或缺的一部分。伙伴们照顾他，把唯一的一盏油灯，放在了他枕边。

夜里，落雪了。残缺的屋顶挡不住风雪，早上起来，每个人的被子上都覆盖着一层厚厚的白雪，看上去，像是睡在了雪地里。呼唤着朋友们的名字起床，有人不再答应。他们在梦中，被冻成了僵尸。

修筑湘江大桥的两年时光终于过去了。周实回了长沙城，得到了一份"工作"：到一家街道小厂打铁。

湖南有句俗谚："世上三门苦，打铁撑船磨豆腐。"磨豆腐的夤夜即起，辛勤劳作，黎明卖豆腐，难有睡眠，生计不容易；撑船的，顺流还好，逆流，则需异常的力量，也就万分辛苦；至于打铁，周实自是深有体验，不必多说了。

长沙夏季热似火炉，而周实置身的，是火炉中的火炉。他常常脱得只剩一条短裤。工友用铁钳夹住赤红的铁块，周实用力抢锤，每一锤都是火星飞溅，铁屑横飙，稍不留神，身上便会灼起水泡。于别人，或许难以承受，于他，则如从糠箩里跳到米箩里，已是幸福至极。这时他有了更充裕的时

祝勇：

你好！

蒙你寄上两本的复印件，谢谢。很有用处。

新城（？）处，说找书，我会给他寄去的。但他的书走左一点味道，因我手头的书已没有了，就打算去书店觅点再寄一些。

我一定会寄去的。李静的事，我会尽力处理，如处理不好，再告你。另，孟钧的那篇文章也寄了一篇，只要你来编的书（你编的？），我想不高兴，我会支持的。请放心。

那种书当然没有，但如果很少吗如，寄上一张去宣传啊，但愿能就用上。总之，非常感谢你的厚爱和支持！

握手！

周实 98.3.10.

对周人都恨啊。

书屋杂志社
长沙市展览馆路3号
湖南省新闻出版局
电话/4446777 转 420 614
邮政编码/410005

周实致祝勇信，1998年3月10日

间可以读书，甚至开始写作。终于，他告别了工厂，几番跳跃之后，到了长沙人民广播电台。命运之神终于对他露出了友善的笑脸。

三

周实在长沙电台待得并不算久。性格决定命运，为一名改正"右派"争取晋级，他得罪了领导，只好走人。以后他游走于长沙电视台、《湖南日报》、湖南作协《芙蓉》杂志之间，几乎游遍了长沙的文化单位。在湖南文艺出版社，他的图书频频获奖，并很快成了副社长。

湖南新闻出版局，硕士生博士生多如牛毛，周实苦大仇深，文凭仅为中专，还是在打铁的岁月里修得的，但1995年创刊《书屋》，整个出版局，主编非周实莫属。

"屋不在大，有书则灵。"他将这句话印在《书屋》的封底。"原本孤绝的人是不可一日没有归宿的，灵与肉最终的'家'又在何处呢?"如今的周实，找到了归宿。

1995年7月，《书屋》创刊号面世，为双月刊。周实拒绝署名主编。他把思想、文化界的精英紧密地团结在刊物周围，萧乾、绿原、金克木、邵燕祥、舒展、吴小如、王元化、李慎之、钟叔河、朱正、孙绍振、郜元宝、陈思和、刘心武、许纪霖、丁东、毛志成、邓晓芒、王开林等老中少文人，均热心为之撰稿。从选稿、插图、装帧到下厂监印，周实都一丝不苟。有一年，拙作《荣誉与耻辱》，蒙他看中，他不动声色地，将此文塞进稿堆，请责编遴选，果然又被责编挑出。可知他的选稿，没有随意性。为给此文配图，他遍查图书馆，才从一本《外国思想家小传》中搜寻到一幅海德格尔的肖像画。至于《书屋》刊出的胡适先生手迹，晚清"小恭王"溥伟致小川平吉函，甚至明清科举乡试墨卷全式（含墨卷背、未弥封前墨卷面、弥封后墨卷面、墨卷内容、墨卷面内页履历等），在版面上所占位置并不显著，但他的心血，已依稀可见。

与此同时，他展现出丰沛的创作力，写出三卷本长篇历史小说《刘伯温》（《天象》《天命》《天意》），又过几年，出版了长篇历史小说《李白》（《蜀道难》《将进酒》《临路歌》，皆与人合作）。

周实很忙，已许久不去湘西。即使在湖南，走一趟湘西也不是一件容易的事情。今年，他终于去了。物是人非，当年胼手胝足的伙伴，早已去向不明。但他知道他们仍在倔强地活着，就像他主编的刊物。

他相信，只要活着，就有奇迹。

1997 年 5 月 17 日

2009 年 7 月 29 日改

空山灵雨

一

也曾耽溺于孤独的冥想世界

也曾轻轻地与潜意识密语

也曾支肘观望窗外的夜空

——当星子焚落，闪电划亮了天宇

我浮起了最初的笑意

——节选自杨平《缘》

8月最后的一个周末的夜晚，我们围着石桌而坐，谛听杨平用台北味很浓的"国语"，吟诵这首诗。我和我的伙伴们——西渡、紫地、臧棣、清平、李京听得很入神。杨平诵罢，很久都没人作声。

好久没有经历过这样的夜晚了。今夜，杨平使我觉得离诗那么近。

这是杨平的第五次大陆之行。再过两天，他就要离开北京，前往河南老家，同前辈诗人兼同乡痖弦先生共度中秋了。作为中国台湾省诗之华出版社负责人、《创世纪》诗社副社长、《新陆》现代诗刊主编兼发行人、中国作家艺术家联盟发起人，年轻的杨平总是很忙，每次往返于海峡两岸，总是行色匆匆。于他密不容针的日程中安静地读诗，真是太难得了。

初识杨平，也是在一个美丽的夜晚。那是四年前，在北大蔚秀园谢冕先生家中。那天晚上，他牛仔衣牛仔裤，戴一副深色茶镜，一副旅人装束。他也带了一卷诗。这些诗，就是《空山灵雨》。其中几首后来发表在当年的《台港文学选刊》上。大陆评论家刘登翰先生于同期发表了一篇很长的评介文章。杨平于是开始在大陆登台亮相，并且不断推出令人拍案的精彩表演。《诗刊》《星星诗刊》《青年文学》《上海文学》《花城》……大陆几乎所有的省级以上的文学刊物，都陆续刊出了杨平各个时期的作品。人民文学出版社于1990年年初推出了杨平风格最完整的新古典主义诗集《空山灵雨》。这是台湾新世代诗人在大陆出版的第一部个人诗集，反响强烈，各地刊物继而又推出数十篇评论文章。这种盛况，在台湾新世代诗人中是不多见的。

十分荣幸的是，从杨平一进入大陆文学界的视野，我就有幸同杨平相识，互相帮助，互相勉励。我也较早地关注大陆对杨平的评介，写下三两文章，竟意外地招来了许多读者来信，一方面问询关于杨平的更多的情况，另一方面索求杨平的作品。

二

远方的笛韵迎上年轻的

心，与风会合

飘入无边的晴空中

——你是爱幻想的孤独灵魂

——节选自杨平《逸》

是他选择了诗呢，还是诗选择了他？

"当时，太年轻的诗人很容易就陶醉了——迷恋了——有很长一段时间，他会背郑愁予的《错误》（谁不会呢？），随身带着余光中的《莲的联想》（大林版，四十开本的），着迷于痖弦许多调子甜美的小诗，和周梦蝶作品——吟着诗，吹着口哨，一身T恤的牛仔装，和迎面走来的女孩子（飘逸的长发、轻柔的嗓音）眨眼调笑：青春啊青春，欢乐的时光永远不嫌多！欢乐的季节（年轻的朋友啊）每一分秒都当把握！都值得你全心投入的拥抱！攫取！珍惜！"

在《那些烟云美丽的、涌动的》一文中，杨平这样写道。

美好的年华使杨平涌动着一种原始的冲创力，他大笔挥洒、拓落不羁，不停地讴歌青春。这些诗大多收集在他以青春为题材的诗集《年轻感觉》中。

这是一个崭新的青春时代！八九十年代的中国台湾青年，处于东西方十字路口的资讯事业高度发展的台湾省，特殊的时空使他们有着区别于其他时代及其他地域的青年的特质。他们追逐个性，他们享受青春。他们的生存不再像祖辈一样艰辛，他们拼命打工，然后扑向卡拉OK旋转舞厅的疯狂旋律中去，或者一声不响地背起行囊远走天涯。他们崇拜明星，却不需要有谁来为人生做出示范。他们有一个崭新的名字——新人类。杨平在《非香颂的新人类之歌》中深情地写道："所谓的青春即是如此：／吹笛人和牧羊神相偕出现／每扇窗口都冒出了鲜花／芬芳的是心情／波西米亚的是流云／不设防的是胸前的两排纽扣／尖锐的哨音悦耳又激情／六十年代的摇滚，越沉／越浪漫！／闪电、火焰、和向日葵／纷纷在七月的麦田迸放出／嘹亮的歌！"

与此同时，杨平对新人类也表现出强烈的批判意识。他在《我已歌唱过爱情》一书的编后感《千里情缘》一文中的描绘，可以说明一些问题："我悲伤地目睹到，一些古老美德如何在现代化的冲击下急促消失：都市侵占了田园，蓝天被一再地割裂，人情味没有了，连爱情也成为休闲生活中的一道速食，甚至，餐后甜点似的饰品。在过去，有男孩子殉情，女孩则是为爱情而生，为了自由恋爱，更是轰轰烈烈！如今，一切都变了，在以金钱为人生最高指标的导引下，男孩把更多的时间投入事业，女孩也纷纷剪短了头发，蜕化为外表中性的女强人。爱情喏喏地退守到第二线，性欲与感官上的满足则大摇大摆地充斥每个角落！这是一个腐化的社会，我们要如何才能拾回昔日生命中的美好呢？"

《年轻感觉》之后，杨平也获得了一个雅号——新人类的代言人。

而真正标志杨平的创作进入成熟期的，则是"满储意象的雨水"（张默语）的《空山灵雨》。《空山灵雨》收录杨平1974—1986年间的诗作60首，初版于1987年初夏。此前的两年中，台湾省的文镜出版社为他出版过两本诗集——《追求者》和《探索者》。

"有一天，他翻开一本诗刊（许是《龙族》吧），突然看见杨牧写的《秋季杜甫》……随着一行行地看过去，他觉得心弦仿佛被什么钩了一下，霎时全身都紧张起来！弓一样地绷着！他急忙找到诗人的其他作品……一系列典雅优美的作品——脑中灵光一闪，他喃喃道：'这不正是你所盼望的古典现代诗吗？'"（杨平《那些烟云美丽的、涌动的》）

我案头的这本《空山灵雨》是今年由台湾省的诗之华出

版社新版的，封面古朴，书名由周梦蝶先生题写。且看这些诗目——《坐看云起时》《行到水穷处》《鹤舞花》《离恨索》《花荫深处》《灵雨一束》……一份苍茫的古意便迎面而来。随手翻到一页，且读："天色已昏。游云已倦——归来时，洁洁的意兴酣：清伶的夜空何其寥落……窗外，升起了一片湛湛的古意。"（《古意》）

他在空山灵雨之中，看云，赏花，忘情于风雅。他忘却现在，追寻远古；忘却喧嚣，追求静谧；忘却浮华，醉心淡泊。我曾在《台港文学选刊》上发表过短评，认为杨平的古典田园诗，实质上是对物欲膨胀、人情沦落的现代化社会的反叛。他渴望唤回曾在中国这块古老的土地上存在过的人生情调，但又并不打算钻回旧时代的躯壳里去。所以，他并不能被简单地视为遁迹山林，逃避现实，他时常在古典的背景上，加上一些现实生活中"不诗意"的碎片，如"连篇累牍的新闻版""银行的存款与保险单"，以凸现理想与现实、风雅与伦俗的鲜明反差。谢冕先生在《两岸异同的互补》一文中说："其实他并不避世，也不试图超脱社会人生。那些吟哦于飞花落叶之间的诗篇，依然充填着对于'早九晚五的上班客'的人世焦灼：呐喊以至沉默、挣扎以及不再抵拒、国事的蜩螗、匹夫的悲愤、小市民的卑微、人间惊心动魄的混乱及倾轧……他确认忧患国计民生是'我辈本分'。但他更着意于追求完整原初的自然和人生。他有着与年轻的阅历并不相称的人生感悟。杨平追求大江东去的豪宕，也有月明星稀的慨叹，一种更大的彻悟却启迪他怡情山水。达观的人生态度把一切看成瞬息即逝的过程：'惟江上清风，山间明月，是属于每一个人的'。他紧紧抓住的正是这些永恒的东西。"

所以，杨平的新古典诗歌，并不是唐诗宋词的翻版，"在这些充满古趣的诗题里，他一面尽情倾泻着思古之幽怀，一面又无拘无束地泼洒独立不羁的现代人的情致"（谢冕语）。

三

一片落花像江上扁舟漂流而去。天地很大。潇潇洒洒地高歌出山。豁然睥睨：落日古风般苍茫。望空挥袖：我发觉自己是最风月的浪子。

——节选自杨平《浪子》

杨平的诗是很中国的。"中国古代逸士墨客们那种风流洒脱，以及萧散自适的性灵生活，通过现代的时空，转化成一首首现代的抒情小品，没有这一片古典的沃土，杨平的古典便失去了凭借。"任中国台湾省《联合报》副总编辑兼副刊主编的症弦先生在《回到中国诗的原乡》一文中这样写道。

中国台湾省的现代诗歌，在几十年的风雨飘摇中，经历了一场文化选择意识的变迁。1949 年以后，中国台湾新诗进入了现代主义时期。最早树起这面大旗的，是曾和戴望舒合编过《新诗》月刊的纪弦（20 世纪 40 年代笔名"路易士"）。他于 1953 年 2 月在中国台北市创办了《现代诗》社，并于 1956 年 1 月在中国台北市成立了"现代派"，加盟者有郑愁予、林亨泰、商禽、楚戈、罗门等八十余人。他们宣称"有所扬弃并发扬光大地包含了自波特莱尔以降一切新兴诗派之精神与要素的现代派之一群"，主张从西方进行"横的移植"。（老诗人覃子豪曾评道："若全部为'横的移植'，自己的根将植于何处？"）1954 年余光中、向明等参与发起的《蓝星》诗社和张默、洛夫、痖弦组建的《创世纪》诗社由于受现代派的刺激而开始进行各种新风格的试验。"横的移植"论，最终把台湾新诗引入脱离现实和背弃传统的迷途。

余光中后来对此提出了批评，他说："西方不是我们最终的目的，我们的最终目的是中国的现代诗。"他又重新站在中国古老文化的根基上，创作了《莲的联想》和《五陵少年》两本诗集，表现出一种皈依于中国儒佛思想的净化和超拔的哲思。

70 年代以来纷纷涌现的新世代诗社，诸如《龙族》《大地》《主流》《草根》，开始同"横的移植"对抗，力促现代诗"在重新正视中国传统文化以及现实生活中获得必要滋润和再生"（《大地之歌·序》）。

"今日，'浪子'（西化）和'孝子'（国粹）的尖锐对立已不存在，文白之争，乡土和现代的论战早已停息，"痖弦先生在《回到中国诗的原乡》一文中继续写道，"当现代诗归宗的呼声逐渐落实于创作，一向老死不相往来的新旧诗人，在端午节也已坐在一起吃粽子，中国新诗运动的革命期早已结束，所谓新与旧、传统与现代、乡土与中国，都应该共融在一起；含有旧的新才是真的新，没有传统何来现代？哪一个局部不是来自全体？乡土的扩大就是中国！中国年轻一代的诗人似乎比任何他们的前辈都充满自信，展开在他们面前的是无限壮阔的风景。"

于是，伴随着开放探亲，魂归故里，老诗人有了《朔风唰唰中访太白楼》（张默，1990 年作）、《登黄鹤楼》（洛夫，1990 年作），年轻一代呢？"陈义芝的《青衫》《新婚别》是从中国古典诗词传统涵泳中创发出一条新路的成功范例；白灵的《大黄河》，展现现代诗中少见的中国气势，难能可贵；杨泽、罗智成、苏绍连、杜十三、陈黎、赵卫民和鸿鸿，表面上似乎很少强调民族与乡土，但仔细看，也有另一种传统历史意识的反刍，这反刍，大大有助于文学母体的精神祝勇弟：

　　说好了信马上回复不迟复，弄得现在又迟复了。

　　真抱歉，我现在拖欠报刊文艺部的二、三十笔书信。那些回信拖得很吓人，但多半没感觉，很高兴——特别是你们这样的年轻诗人，每一首诗，都是未来中国诗坛的一个希望。

　　一点火种！！

　　你的教与诗，句句都太过于有个人气息，引喻以教为主等，但教又属于小诗，两大不宜于表现得太刻意，你们要放开引伸来作，你们要求得更丰，珍情而意（有深问）而意境。你以前寄给我的作品还不算给正式公刊，等单独再向你趟请。

　　高阵子收到你事信增的书信，他也提及你作品的那种气息说，云云小诗，以其更古气气作品再编吧，我，如信你也一样，不会引诗好苍茫到杨而更庄的了了。

　　明你平时到过也AB先生去那吧。

　　祝您安！！

　　　　　　　　　　　　杨平 8.10.

溯源。"（痖弦语）

然而，中国台湾省向后工业社会的转型，使后现代主义获得了温床。罗青、林耀德、林彧、黄智溶等一批新世代诗人，高举起解构主义的大旗，对后工业文明状况及后工业文明中的人的处境进行描绘、反映和省思。

杨平却专情于新古典主义的田园山水诗的创作："以一支感性的笔，去拥抱古代中国的绮丽，和文学天空。"（《那些烟云美丽的、涌动的》）

所以，杨平的每次大陆之行，都是艺术上的寻根之旅。最令他难忘的，是1990年9月来京之后，南飞福州参加福建作协的"海峡诗人节"，然后入蜀，到九寨沟一游，再顺长江三峡而下，"即从巴峡穿巫峡，便下襄阳向洛阳"之后，从武汉、南京、上海、广州到香港，11月中旬与洛夫先生双双返台。好一个寻根之旅。后来，他在信中向我描述了他欣喜的心情和精神上的收获。正如他自己所写下的：

"——你越缅怀它的过去，便越感动它的生命力！风发它的多彩多姿！唏嘘它的兴亡苦难！骄傲它的绵远豪宕、磊磊壮阔！

"'我真高兴自己是中国人！'

"我想，我真幸运。"（《那些烟云美丽的、涌动的》）

杨平对中国文化就是这样顶礼膜拜。去年金秋的一个

祝勇与杨平（作者提供）

黄昏，我和杨平在北大校园里漫步。他对我说，当他还是一个少年，他就梦想能够置身于北大浓郁的文化氛围中。而此刻，反而疑是梦幻了。走过一个拐角，仿佛便可迎面撞上五四诸神。我们并肩坐在未名湖畔，望着远处古老的白塔，杨平说，中国文化的博大，此刻就在眼前，似乎伸手即可触摸。我了解杨平的那份感觉，也了解杨平的那份虔诚。

那天，杨平对我说：越是民族的，越有生命力。他认为，由于文化背景不同，以及时空的差异，在欧美流行的后现代不可能在海峡两岸落地生根。目前台湾的后现代已成过眼烟云，不能发挥实质的影响力。杨平还说，真正的诗人，是不受潮流影响的，他不会在后现代流行时自诩为后现代，后现代不流行了就换上另一面大旗。我们只能从他的作品中找出他个人的标记。李白如此，里尔克如此，兰波也如此。此前，杨平在2月8日寄我的信中写道："我自己写诗，也从来无视流行思潮。若干年前，台湾诗坛为'乡土诗'进行论战时，我根本我行我素，如今，我的诗风虽有改变，和《空山灵雨》中的新古典不一样。这种改变纯然发自内心的需求，一种源自灵魂深处的召唤！所谓超越，即是如此。"

杨平的诗仍在蜕变。用他自己的话讲，"还在寻找适合自己的道路"。他打算明年把一些直切现代人心灵的前卫诗（多发表于《创世纪》）编成一本新的诗集——《寂寞拼图》，我们期待他届时会有令人惊喜的表现。

四

是的

既然作为一颗星子

就得日夜无休地燃烧自己

啊燃烧自己

——节选自杨平《我还在写》

杨平和他的同道们在艺术上不断拓展的时期，正是中国台湾新诗在商业和文化市场上空前受挫的时期。我从杨平当面交给我的那本新出刊的《新陆》现代诗刊的卷前语《期待未来·拥抱未来》中，读到了杨平写下的这样的句子——

"现代诗没落了，这是诗坛近年来不争的事实。"

最明显的一个例子是：许多优秀的年轻诗人，随着生活压力的加重，而纷纷减产，脱队，任沸腾的笔封尘在岁月的角落。

其中有向阳、杨泽、罗智成、刘克襄、陈克华等才华横溢的诗人。杨平深表惋惜。他多么渴望他们重新在诗坛出现啊！

同样由于商业原因，台湾省的尔雅出版社已连续出版十年的年度诗选，今年画上了休止符。

还有一件撼动文学界的大事：台湾省三大鼎足诗刊之一的《蓝星》，在存在了38年之后，宣告停刊。

今年台湾省的诗人节（端午节），杨平参加了《蓝星》举办的最后一次颁奖活动和以"现代诗的再出发"为主题的研讨会。研讨会由痖弦主持，余光中、简政珍、向阳等发了言。遗憾的是，老一辈多沉浸于旧日的辉煌中，会议并没有就"再出发"问题进行深入的探讨。

诗人节前一天，杨平在台北市的"中国文艺协会"举行了作品发表会。与会的60多位诗人就诗与社会的关系问题进行了研讨。8月9日，杨平在他的碧湖新居主办了一次以"拥抱诗的未来"为主题的活动，张默、向明、管管、杜十三等老中青三代诗人，台北的新闻传媒、主要文学刊物的负责人，都出席了这次活动。他们从各种角度瞻望未来。城弦先生的一句话颇具概括性："只要诗人不死，诗就不死！"

杨平还向我透露了一则消息：台北市一批诗人从今年开始举办以"诗的星期五"为名的朗诵会，于每月的第一个星期五，聚集在台北市最高档也最具有文化气息的书店——诚品书店，为读者朗诵他们的作品，让更多的人了解诗、接近诗，使诗在置于死地之后获得新生。

近年来，杨平不断在台湾、大陆、香港、澳门，以及新加坡、马来西亚（及欧美的华文文学界）之间穿梭，不断在来信中向我诉说加强华文文学交流与合作的意义。他有着唯诗人才有的热情。大陆一批年轻的名字，如海子、骆一禾、西川（"北大三剑客"，前两位已故）、桑克（被洛夫称为"具有潜力的新生代"）、戈麦、西渡、臧棣、伊沙等，不断在他负责的《创世纪》《新陆》上出现，就在这最新一期的《新陆》卷前语中，杨平写了这样的话："无论现实人间多么残酷，在每一世代每一个地方每一年度，总有若干热血的爱诗人加入此一行列！也因这个缘故，我们终于可以从海内外诸多年轻诗人身上看见，美丽又寂寞的现代诗啊，经过80年的风雨耕耘，就在这两三年，第一次臻于全面性的成熟之境——这是另一个可喜的事实。这也是我们对未来充满信心的最大主因。"

而在我们围着石桌诵诗的那个月明之夜，翻弄着杨平千里迢迢为我们带来的《新陆》，我想，此刻，我们都明白了那绿色封面的含义，都清晰地感觉到了杨平对未来的期待，对希望的召唤。

1992年8月31日—9月2日

划空而逝

正当那把人引向生活的高峰的东西刚刚显露出
意义时，死却在人那里出现了。这死者指的不是
"一般的死"，……而是"巨大的死"，是不可重复的
个体所完成和做出的一项无法规避的特殊功业。

——沃尔夫冈《现代德国哲学主潮》

戈麦死于1991年9月24日。

1991年，正是我生命中最为困厄的一年。我远离北京，
独自到了南方。我几乎隔绝了与外界的来往，闭门写作。那
一年，诗坛上发生了一些事情。有流行歌手一样的诗人正冉
冉升起，引来无数朝拜的人潮，而中国真正的诗歌，却在一
片喧嚣与躁动中，被深深淹没了。大众对诗歌表面上的亲近，
反而证明了诗歌在人们心头的失落，正如黑格尔指出的那样：
这种对"较高的内心生活和较纯洁的精神活动"的疏离，导致
了对人的本质的迷失。那一年，北京有一个具有绝对天赋的诗
人，也陷入深深的困厄之中，最终自沉与北京西郊万泉河。

我无意对戈麦的死因作出推断，尽管我相信，他的自杀，同他超凡的才华与焦灼的抱负，以及时代的冷眼不无关系。实际上，深入戈麦的精神世界也是极为困难的。早想为戈麦写点文字，戈麦死后，就一直不能平静。诗人的悲剧，每每都会在我的心头造成创痛。但是，从某种意义上说，我对于中国诗歌的悲凉意味的关注，又往往超出对诗人个体生命的悲凉意味的关注。

　　可是，戈麦毕竟死了三年了。他对于中国诗歌，无疑是有贡献的。诗人臧棣说："他多少认识到我们时代语言的堕落在本质上表现为语言的贫乏，甚至连精神生活异常丰富的人都难以完全避免语言的贫乏的侵害。"①桑克也谈到，他对中国20世纪汉语诗歌的最大贡献在于，他对"汉语诗歌技术的研究与实践。他成功的实践使我们认识到汉语的许多可能性。如果没有他的努力所达到的目的，我们将在默默而艰辛的摸索中耗尽更多的时光而甚至两手空空一无所获，他为我们继续前行铺设了平坦的道路，他启发了我们关于智慧在诗歌中的具体体现等若干方面的想法"②。

　　早该为他写点什么，却一直没有写。海子、顾城死的时候，我都写了，对戈麦却没有。我自己也不清楚这是为什么，也许是与前两者比起来，戈麦与我距离更近了些吧。生活经历与心灵轨迹的过于接近，反而难以评说了。

而这次落笔，完全出于一个偶然的契机：戈麦最好的朋友、诗人西渡为我寄来了由他选编，漓江出版社出版的《彗星——戈麦诗集》。翻开这本厚厚的诗集，如同走进一片静穆的宇宙星空。他那天才的光亮，令我无法不以一颗悲哀战栗的心，呼唤那颗早已划空而逝的彗星。

戈麦比我仅年长一岁。我生于1968年，他生于1967年，而且同是8月，同是出生在东北。用诗人桑克的话说："那里极似俄罗斯腹地，丘陵与平原，白桦与马尾松，沼泽与冬日浩瀚的大雪，乳牛与初春的泥泞，向日葵与河水中细碎的红色的满江红。然而他说：我没有故乡，地球是他的故乡。"③可惜那时我们并不相识，甚至到他死，我都没有见过他一面。如果说童年我们在空间上相距遥远，那么大学时代，我们的空间距离却近在咫尺——从我所在的大学，到他就读的北大，只有两三站地的路程。在他们那一届《启明星》④人马中，我有许多朋友，其中先后结识臧棣、紫地、西渡、雷格、清平等，我不止一次地去过他们中文系的宿舍楼，却与戈麦失之交臂。

我最初就是在《启明星》上注意到戈麦的。如同他的学长骆一禾、海子、西川一样，他的创作开始于相当高的起点，甚至可以毫不夸张地说，许多风云了几十年的前辈诗人，到死都从未达到过这样的高度。戈麦的创作起步较晚，那是在 1987 年，他二十岁的时候。那是中国诗坛狂飙突进的一年。戈麦自己也写道："生活自身的水强大地把我推向了写作，当我已经具备权衡一些彼此并列的道路的能力的时候，我认识到：不去写诗也许是一种损失。"（戈麦：《核心·序》）

我从诗集中没能找到戈麦 1987 年的诗。1988 年，他写下了《克莱的叙述——给塞林格》《太阳雨》《秋天的呼唤》等诗，及评论北岛的《异端的火焰》、评论 20 世纪 40 年代九叶诗人的《起风和起风以后》等论文，其中《异》文获北京大学五四科学奖本科生唯一的二等奖（一等奖空缺），并收入《当代文学研究丛刊·诗探索》。1989 年，戈麦毕业，入《中国文学》杂志社，任现代文学及评论编辑。10 月编成诗集《核心》，收三年间创作的作品一百篇（现存 82 篇），并撰有序言，表明其诗歌基本观念已经形成。1990 年，编成诗集《我的邪恶，我的苍白》，并与西渡合出《厌世者》半月刊，共出五期，与徐江、西渡、桑克合出《POEM·斜线》，完成诗集《铁与砂》之大部，编成诗集《星》。译勃莱、博尔赫斯部分作品，译笔精湛。西渡云："博尔赫斯对形成其后期诗歌的理性特点有启示。"

1991 年 1 月，到上海，访施蛰存。

完成《眺望南方》等诗及《地铁车站》等小说。

5月，到四川，访艾芜。

8月，完成《大风》《天象》《佛光》等诗。9月，作《关于死亡的札记》。

9月22日，据西渡回忆，戈麦到西渡宿舍。戈麦说他一个人喝了一瓶半葡萄酒，西渡问他怎么喜欢自己喝一点，他说心里有不少事。那时西渡正在读一本《弃儿汤姆·琼森的历史》，宿舍有人回来，戈麦站起来要走。西渡约他出去吃饭，他说不了。西渡"以为他酒后不想吃东西，就放他走了。没想这一走竟成了永诀"（西渡：《死是不可能的》）。

两天后，戈麦便自沉于万泉河。（一说清华校园池，系误传。）死前，他自毁了手稿，使他部分作品永远不可复得。所幸的是，西渡经过搜集抢救，仍得到了他大部分的作品。如他那本一直秘不示人的《铁与砂》被毁后，西渡就是从当年的打字员那里，找出了幸存的软盘。然后，西渡和朋友们就为出版戈麦遗作而募捐，这是活着的人为死者唯一所能做的。将戈麦的遗作出版面世，不知是死者之幸，还是生者之幸。募捐进展得颇为艰难，所需的一万余元款项，只募集到三千多元，剩余的差不多由西渡倾其积蓄。知音之谊，令人感奋。10月26日，在京青年诗人为他举行了悼念活动，参加者有邹静之、西川、洪烛、简宁、麦芒、清平、桑克、冰马等近30人。戈麦遗体于11月1日在八宝山火化。1992年，台湾《联合报》、美国《一行》诗刊等均发表悼念文章。11月，北京大学举行纪念戈麦去世一周年纪念活动。

自19世纪末叶以降，诗人就担负起了人类殉道者的使命，杰克·伦敦、特拉克尔、叶赛宁、叶甫图申科、马雅可夫斯基……就像E.M.福斯特在《天国之乐》中所言的，"诗是一种精神"。戈麦是善于进行创造性的思索的。叔本华曾说："真正思索的人，在精神王国中，等于一国的君王，具有至高无上的权威，他的判断如同君主的圣谕，他的话就是权威——君主是不接受他人的命令，也不认识其他的权威的。反之，局守于世俗流行的诸种意见的凡俗作家，像默从法律和命令的平民一样。"（叔本华：《关于思考》）

因而戈麦注定要走一条没有鲜花的荆棘之途，他对此有着清醒的认识，并且义无反顾。"他越来越脱离世俗远去，像一颗寂寞燃烧的星球，深入了孤独之境。在他身上，一种神性的光芒逐渐显露出来。因为，如果人性意味着宽容和折中，那么它必然导致妥协。这是他不能原谅的。他独自在内心里承担了生活和时代的全部分量。"（西渡：《彗星·跋》）戈麦生前在物质上的贫困，给友人们极深的印象。他租的是嘈杂、狭小、黯淡、寒冷的小屋，经常吃了上顿没下顿，有时因喝变了质的啤酒而几天吃不下饭……而他却从不吝啬买书的费用。他过着一种圣徒式的生活。他永远不会像某些流行诗人那样为了发表作品而屈从于刊物，轻易就改变自己的风格。他对于孤独的无畏，令我不无惭愧。朋友请他为一部鉴赏书籍撰写香港当代诗歌部分，他根本不问稿酬标准和是否能尽快出版，欣然应允。稿子末端的署名只有一个字："薇"。而请他制定19世纪德语文学的辞目，他也一丝不苟，线索清晰地完成，连名字也不肯署。这不禁使我想起，诗坛上有的人以自己为读者签名时需警察维持秩序而沾沾自喜，还有的挂着"诗人"招牌的名利之徒将他人自费出版诗集的钱贪污进自己腰包。桑克称戈麦是"人格完美的典范"。这又应了叔本华那段话："……在思想世界中，只有精神，没有肉体，也没有重力的法则，更不会为穷困所苦。所以，有优美丰饶心灵的人，在灵思来临的一刹那间所得到的启示，其乐趣绝非俗世所能比拟。"（《关于思考》）

像海子、戈麦这样超凡的诗人，总令人不禁想起生前潦倒、死后殊荣的艺术大师凡·高。如同海子一样，戈麦也为凡·高写过诗。请看这首作于1990年9月的《凡·高自画像》：

直到最后，干燥还能作为一种色彩

被阳光镶在肉体里

被痛苦锈在田野上

像一只蒸发着热气的头颅

冒着细长而僵硬的触须，像海绵

被一种药水吸干，在那里皱着

　　自画像中凡·高的那双眼睛是最洞彻人生的，凡·高因而成为世界上最孤独的人，凡·高也因而成为世界上最坚忍的人。凡·高于1883年9月在德伦特写给兄弟提奥的信中写道："让我干吧。我会有所作为的；但愿我有耐心去改变一切。"戈麦一定会发现，一个有着极大创造力的诗人，和一个有着极大创造力的画家的命运，是多么地相似。戈麦在应友人之约以第三人称写的一篇自传《一个复杂的灵魂》中就已经阐明他的观点："艺术家理应树立修远的信念，不必急躁，不必唐突，不求享誉于世，但求有补于文。"在许多同龄的笔耕者中，戈麦是真正耐得住寂寞的。

　　　　　　　　　　　　　　　　1994年8月23日

低调的鄂力

一

鄂力先生是一个不声不响的人，除了喝酒时话稍微多一点，平时为人谦恭，做事慎密，说话语速很慢，有浓浓的北京腔儿，虽只比我大一岁，我却从他身上看出老北京人的教养。他给刘心武先生作助手的时候，大部分时间都是我们与心武师说话，他在一旁闷不作声，问到他时，他才笑答一下。或许因为他低调，很长时间，我也仅仅将他作为心武师的助手看待，没有太多的交流。他似乎对此从来没有什么意见，他是蒙古人，天地很大，对小事从不计较。

有一天晚上，我与鄂力喝了点小酒，感到浑身通透，脚下飘忽。从酒家出来，在夜色中走过东四南大街。路过一家店铺，鄂力叫我站定，看它有什么不同。我认真打量，看见这是一家很小的店铺，只有一间小小的门脸，在东四一带的灯红酒绿中毫不起眼，仔细看招牌，心里怵然一惊，因为招牌上写着："广义修笔店"。如今这年头，恐怕连钢笔都要灭绝了，还有人来修笔吗？这家修笔店，或许是这座城市里最后一家修笔店了。再退远一看，不得了，这座小楼，竟然是一幢灰色的民国建筑，一看就很有资历。鄂力说，这里是北京的黄金地段，寸土寸金，有无数商家看准这里，要把修笔店租下来做生意，都被主人拒绝了。他说，这家修笔店的主人叫张广义，是全国人大代表，若白天来，定要进去看看，小小的店铺里，挂满了名人题字，有刘海粟的，也有王世襄的。

鄂力不追新潮，而是关心身边许多过时的事物，在他的心里，藏着一座老旧的博物馆。在那里，旧物罗列，在暗中散发光泽，让他敝帚自珍。他内心的路径，与时代的发展正好相反，所以他年轻的时候就有点老气横秋，也正是这一点，让我刮目相看。因为在这个追功逐利的时代里，像他这样逆历史潮流而动的人太少了。他知道在这个世界上什么是最值得珍重的，他也因为对那些"过时"事物的珍重而得到了大家的珍重。

二

鄂力心底最珍贵的收藏，应当是文化老人们的那份情谊。那是一群比我老得多的老头儿，居住在20世纪八九十年代的北京，就像陈丹青笔下的老上海，窝藏着一批重量级的文人。他们是构成这座城市的最生动的部分，学问造诣自不必说，最可敬的，是他们历经炼狱之后的那份通透与达观，越来越接近鲁迅的风骨，"非常不买账，又非常无所谓，非常酷，又非常慈悲，看上去一脸的清苦、刚直、坦然，骨子里却透着风流与俏皮……"①

有一次，在后海岸边的一条胡同里，我与鄂力坐在杨宪益先生的客厅里，陪老爷子一起喝二锅头。我与鄂力都喜欢这种平民酒，杨宪益也喜欢，每天下午起床，都喝上两杯。干喝，连花生米都不要，就像在喝咖啡。那一天似乎谈了什么，又似乎什么都没谈。如今老先生接二连三地作古了，今天想来，那样的时光，有点奢侈。

鄂力生活中藏着一种奢侈，就是文化部长为他叫电话。鄂力住在北小街的胡同里，王蒙先生担任文化部长时，就住在他家对面的四合院里。那座四合院，也是北京历史的一部分，夏衍先生曾经住过，后来照例被拆掉了。鄂力回忆说，那时王蒙每天早上都自己出来到胡同里排队买早点，端着早点回家，吃过早点，才换上西装革履，去文化部上班。王蒙时常到鄂力住的小院儿来，与鄂力的爷爷关系很亲密。王蒙不在家时，邮局送来的稿费都由鄂力或者他家人代收。吴祖光先生大清早儿来找鄂力，鄂力还赖在被窝儿里不肯起来，吴祖光先生就开始拍窗玻璃，硬把鄂力叫起来。有时候吴祖光先生要给鄂力打电话，那时还没有手机，鄂力家里也没有

2002年10月，鄂力与杨宪益先生（作者提供）

电话，吴祖光就打到王蒙家里，王蒙就跑过来给鄂力叫电话。后来朋友们拿鄂力开玩笑，就说鄂力小小年纪，挺能摆谱，让文化部长为他叫电话。

但鄂力先生也有痛悔的事。黄宗英先生与冯亦代先生结婚后，住在小西天冯先生的寓所里，那房间我去过，亲眼见识小小的两居室，狭小得两人走路必须礼貌让路。满屋书刊文稿，无处堆放，黄宗英就把几十方印章交给鄂力保管，其中，有齐白石给赵丹刻的，有赵丹的祖父刻的，也有赵丹年轻时自己刻的。后来，黄宗英想再看看这些印章，鄂力就完璧归赵。鄂力每言及此，都痛心疾首，不是痛心自己一方也没有贪污，而是痛悔当时没有把他们印下来，留一套印谱。此时此刻，冯亦代先生早已仙逝，黄宗英也病重住在上海的医院里，那些印章早已不知散落何处，倘留下一套印谱，无异于留下一笔文化遗产，可以捐献给中国电影博物馆，也可以自己学印时揣摩。过去的事物，稍纵即逝，一旦错过，就可能永远找不回来了。

三

知道鄂力先生苦攻篆刻，是认识他很久以后的事了。那是90年代的一天，鄂力告诉我，有一个展览，请我去看一下。我跑到前海西街的郭沫若纪念馆，发现竟然是鄂力篆刻展的开幕式，题头是刘开渠写的，参加者有许多文化名人，也有电影演员，鄂力躲在一边，不大说话，仿佛成了群众演员。

鄂力从不曾夸耀自己的篆刻。1995年，刘心武老师让他到人民日报社给蓝翎先生送书。送到以后，鄂力就告辞回来，刚到家，蓝翎先生的电话就追过来，原来鄂力走后，蓝翎取来当天的《南方周末》，上面赫然印着吴祖光先生的文章《鄂力篆刻艺术》，才知道刚才那位小伙子原是一位篆刻家，打电话，连说失敬失敬。

展览那一天，我第一次见识到他的作品。那些印章，内敛，却深邃，在它们内部，蕴藏着一股生命的能量，笔画回旋，犹如乐曲的起伏伸展，让我仿佛看到鄂力的刻刀，在方寸间闪展腾挪，峰回路转，如蒙古人酒后的酣歌，让我看到他生命的自由和饱满。

那时我突然想到，自己小时候也曾想学习篆刻。那时物质条件有限，都是刻在橡皮上，只不过自己没有坚持，刻坏了，就不想再去刻。后来听鄂力说，他不仅刻过橡皮，还在粉笔和石头上刻过。那些最初学习的印记，他一直保存至今。

鄂力没有念过大学，是自学成才的典型。年轻时为了生存和篆刻，他什么苦活累活都干过。比如他曾烧过锅炉，在街道里卖过大白菜，有时白天给人送了一天的大白菜，晚上回到家里，还要练习篆刻。但他从来没有叫过苦，也没有放弃过。那时钱少，买来的石料，不能轻易浪费，倘刻坏一方，他就把刻好的字用砂纸磨掉，再在上面重新刻，直到那块石料只剩下薄薄的一层，再也无法刻字为止。有时通篇都很完美，只最后一笔刻坏了，也只有磨掉。他磨石料，也磨自己的性子。这样的草泽险道，一个艺术家是回避不了的。艺术不可能速成，对此，唯有从事艺术的人，才有深切体会。

有志者事竟成，这话是为鄂力说的。如今的鄂力，一印难求。温家宝总理当年出访，也带上他的印作为国礼。从比利时国王到印度总统，从冰心、夏衍、萧乾、刘开渠、黄苗子、于光远、张君秋、黄永玉、李敖到大江健三郎，用的都是鄂力刻的印。近些年，他有了一个新的计划，那就是篆刻《三字经》全文，几年来，我一直想象着刻完《三字经》，将它们印在一起的那种宏大的气象。但他还是不言不语，不显山不露水。他是一个活在内心里的人。心有大丘壑，才能活得如此谦恭。那谦恭，其实是一种自信、一种潇洒。

今年4月25日，鄂力的篆刻展又要举行，地点依旧是郭沫若纪念馆。我因为要去南方，不能参加，只好用我的文字，表明我的在场。

2015年4月8日写

4月9日改

注　释

沈从文与故宫博物院

① 陈徒手：《午门城下的沈从文》，见《人有病，天知否：1949年后中国文坛纪实》（修订版），北京：生活·读书·新知三联书店，2013年版，第33页。

② 《沈从文全集》第19卷，太原：北岳文艺出版社，2002年版，第117—118页。

③ 陈徒手：《午门城下的沈从文》，见《人有病，天知否：1949年后中国文坛纪实》（修订版），北京：生活·读书·新知三联书店，2013年版，第34页。

④ 《不列颠百科全书》第15卷，北京：中国大百科全书出版社，1999年版，第288页。

⑤ 《中国大百科全书》中国文学卷，第二册，北京：中国大百科全书出版社，1988年版，第716页。

⑥ 郑欣淼：《沈从文与故宫博物院》，见《故宫与故宫学》，北京：紫禁城出版社，2009年版，第414—415页，第419页，第414—417页。

⑦ 同上。

⑧ 同上。

⑨ 沈虎雏编：《沈从文年表简编》，见《沈从文全集》附卷，太原：北岳文艺出版社，2002年版，第51页。

⑩　郑欣淼：《沈从文与故宫博物院》，见《故宫与故宫学》，北京：紫禁城出版社，2009年版，第414—415页，第419页，第414—417页。

⑪　陈徒手：《午门城下的沈从文》，见《人有病，天知否：1949年后中国文坛纪实》（修订版），北京：生活·读书·新知三联书店，2013年版，第25页。

⑫　《沈从文全集》第27卷，第244页，第247页，第255页，第245页，第250页，第363页，第221页，第234—239页。

⑬　巴金：《怀念从文》，见《巴金文选》，香港：香港文汇出版社，2010年版，第282页。

⑭　郑欣淼：《沈从文与故宫博物院》，见《故宫与故宫学》，北京：紫禁城出版社，2009年版，第414—415页，第419页，第414—417页。

⑮　《沈从文全集》第19卷，太原：北岳文艺出版社，2002年版，第448页。

⑯　《沈从文全集》第19卷，太原：北岳文艺出版社，2002年版，第458页。

⑰　《沈从文全集》第19卷，太原：北岳文艺出版社，2002年版，第467页。

⑱　《沈从文全集》第19卷，太原：北岳文艺出版社，2002年版，第29页。

⑲　陈徒手：《午门城下的沈从文》，见《人有病，天知否：1949年后中国文坛纪实》（修订版），北京：生活·读书·新知三联书店，2013年版，第67页。

⑳　汪曾祺：《老舍先生》，见《汪曾祺全集》第3卷，北京：北京师范大学出版社，1998年版，第345页。

㉑　转引自何大草：《书生剑气沈从文》，原载《文学教育》中旬版，2015年第3期。

㉒ 《沈从文全集》第27卷，第244页，第247页，第255页，第245页，第250页，第363页，第221页，第234—239页。

㉓ 《沈从文全集》第27卷，第244页，第247页，第255页，第245页，第250页，第363页，第221页，第234—239页。

㉔ 吴俊、郭战涛：《国家文学的想象和实践》，上海：上海古籍出版社，2007年版，第1—2页。

㉕ 《沈从文全集》第27卷，第244页，第247页，第255页，第245页，第250页，第363页，第221页，第234—239页。

㉖ 同上。

㉗ 《沈从文全集》第27卷，第244页，第247页，第255页，第245页，第250页，第363页，第221页，第234—239页。

㉘ 《拟关沈从文王世襄车马费》，档案编号：19570819z。

㉙ 同上。

㉚ 《沈从文在故宫》，档案编号：19900084z。

㉛ 《沈从文全集》第27卷，第244页，第247页，第255页，第245页，第250页，第363页，第221页，第234—239页。

㉜ ［美］金介甫：《沈从文传》（全译本），长沙：湖南文艺出版社，1992年版，第256页。

㉝ 唐兰，字立庵。

㉞ 《顾铁符魏松庆王世襄沈从文对"藏漆序"的意见》，档案编号：19630481z。

㉟ 《现将中国人民政治协商会议第三届全国委员会第三次会议上沈从文所提提案》，档案编号：19620224z。

㊱ 《沈从文全集》第20卷，第181页。

㊲ 周恩来：《关于知识分子问题的报告》，见《建国以来重要文献选编》第八册，北京：中央文献出版社，1994年版，第11—45页。

㊳ 《沈从文全集》第19卷，太原：北岳文艺出版社，2002年版，第439页。

㊴ 《沈从文全集》第27卷，第244页，第247页，第255页，第245页，第250页，第363页，第221页，第234—239页。

㊵ 朱家溍口述、朱传荣整理：《朱家溍》，北京：文物出版社，2003年版，第108页。

㊶ 朱家溍：《王世襄和他的〈髹饰录图说〉》，见《故宫退食录》上册，北京：北京出版社，1999年版，第230页。

㊷ 朱家溍：《王世襄和他的〈髹饰录图说〉》，见《故宫退食录》上册，北京：北京出版社，1999年版，第230页。

㊸ 档案名称及档案编号因疫情阻碍未能抄录。标点为引者所加。

㊹ 同上。

㊺ 同上。

㊻ 同上。

㊼ 《沈从文全集》第27卷，第244页，第247页，第255页，第245页，第250页，第363页，第221页，第234—239页。

㊽ 《沈从文全集》第27卷，第244页，第247页，第255页，第245页，第250页，第363页，第221页，第234—239页。

㊾ 《沈从文全集》第27卷，第244页，第247页，第255页，第245页，第250页，第363页，第221页，第234—239页。

㊿ 黄永玉：《太阳下的风景——沈从文和我》，原载《花城》，1980年第5期。

51 巴金：《怀念从文》，见《巴金文选》，香港：香港文汇出版社，2010年版，第284页。

52 谷林：《寂寞的生涯和美的境界》，见《觉有情——谷林文萃》，北京：海豚出版社，2014年版，第82页。

伯克利的张爱玲

① 陈少聪:《与张爱玲擦肩而过》,见《有一道河,从中间流过》,台北:九歌出版社,2006年版,第203页。

② 陈少聪:《与张爱玲擦肩而过》,见《有一道河,从中间流过》,台北:九歌出版社,2006年版,第203页。

③ 司马新:《张爱玲与赖雅》,台北:大地出版社,1996年版,第68页。

④ 陈少聪:《与张爱玲擦肩而过》,见《有一道河,从中间流过》,台北:九歌出版社,2006年版,第204—205页。

⑤ 水晶:《蝉——夜访张爱玲》,见《替张爱玲补妆》,济南:山东画报出版社,2004年版,第14页。

⑥ 水晶:《夜访张爱玲补遗》,同上书,第25页。

⑦ 胡兰成:《民国女子》,见《张爱胡说》,上海:文汇出版社,2003年版,第122页。

⑧ 1958年12月,定居日本的胡兰成在月刊新闻社出版《今生今世》。

⑨ 胡兰成:《民国女子》,见《张爱胡说》,上海:文汇出版社,2003年版,第122页。

⑩ 张爱玲:《公寓生活记趣》,见《张爱玲绮语》,长沙:岳麓书社,1999年版,第53页。

⑪ 胡兰成:《民国女子》,见《张爱胡说》,上海:文汇出版社,2003年版,第144页。

⑫ 胡兰成:《民国女子》,见《张爱胡说》,上海:文汇出版社,2003年版,第137页。

⑬ 胡兰成:《民国女子》,见《张爱胡说》,上海:文汇出版社,2003年版,第144页。

⑭ 胡兰成：《民国女子》，见《张爱胡说》，上海：文汇出版社，2003年版，第149页。

⑮ 胡兰成：《民国女子》，见《张爱胡说》，上海：文汇出版社，2003年版，第154页。

⑯ 胡兰成：《民国女子》，见《张爱胡说》，上海：文汇出版社，2003年版，第131页。

⑰ 胡兰成：《民国女子》，见《张爱胡说》，上海：文汇出版社，2003年版，第194页。

⑱ 张爱玲：《金锁记》，见《上海两"才女"——张爱玲、苏青小说精粹》，广州：花城出版社，1994年版，第79页。

⑲ 胡兰成：《民国女子》，见《张爱胡说》，上海：文汇出版社，2003年版，第127页。

张仃的画梦

① 钱锺书：《魔鬼夜访钱锺书先生》，见《写在人生边上》。

② 黄苗子：《凤凰飞腾——张光宇的艺术》，见《画坛师友录》，北京：生活·读书·新知三联书店，2007年版。

③ 黄永玉：《我的世纪大姐》，原载《收获》，2007年第6期。

④ 陈丹青：《笑谈大先生》，见《退步集续编》，桂林：广西师范大学出版社，2007年版，第224页。

⑤ 郁风：《张仃——艺坛的多面手》，见《大家谈张仃》，北京：紫禁城出版社，2009年版，第69页。

朔风吹彻

① 黄永玉：《蜜泪》，见《这些忧郁的碎屑》，北京：生活·读书·新知三联书店，1998年版，第20页。

② 赵园：《裙子》，见《日常中国——60年代老百姓的日常生活》，南京：江苏美术出版社，1999年版，第71页。

③ 杜矢甲：《不平凡的业余歌唱家》，见《萧军纪念集》，沈阳：春风文艺出版社，1990年版，第40页。

④ 杜矢甲：《不平凡的业余歌唱家》，见《萧军纪念集》，沈阳：春风文艺出版社，1990年版，第41页。

⑤ 红代会中央工艺美术学院东方红公社：《张仃对抗毛主席革命文艺路线黑话摘编》，原载《满江红》，1967年6月7日。

⑥ 张仃：《民间玩具琐谈》，原载《美术》，1958年第2期，见《张仃画室·它山文存》，石家庄：河北教育出版社，2007年版，第59页。

⑦ 张仃：《柯明的风格》，原载《光明日报》1983年1月1日，见《张仃画室·它山文存》，石家庄：河北教育出版社，2007年版，第104、105页。

⑧ 丁绍光：《怀念恩师张仃》，见《张仃追思文集》，北京：清华大学出版社，2011年版，第198页。

⑨ 冷冰川：《先生的一天》，见《张仃追思文集》，北京：清华大学出版社，2011年版，第213页。

⑩ 吴昌硕（1844—1927），别号老缶，人称伍猫，海上画派后期领袖，是晚清民初最具代表性的艺术家，与虚谷、蒲华、任伯年并称"清末海派四杰"。他以诗、书、画、印四艺合一的整体艺术成就享誉海内外，并对近百年来中国传统书画艺术的走向产生了深远的影响。

⑪　王鲁湘：《新发现的张仃延安写生稿》，见《张仃追思文集》，北京：清华大学出版社，2011年版，第125页。

古椿树屋

①　《这些忧郁的碎屑》，生活·读书·新知三联书店，1998年版，第54页。

冰炭同炉

①　敬文东：《那些实在难的问题》，见《颓废主义者的春天》，台北：秀成图书，2009年版，第177页。

②　马小淘：《衣说》，原载《人民文学》，2008年第2期。

鼾声如"雷"

①　雷达：《对2011年中国长篇小说的观察和质询》，原载《文艺报》，2011年12月22日。

我眼中的刘恒

①　冯骥才：《凌汛：朝内大街166号》，北京：人民文学出版社，2014年版，第96页。

②　同上。

③　刘恒：《永恒的艺术力量——在厦门青年导演训练营上的演讲》，原

載《文艺报》，2020年3月25日。

④　祝勇：《故宫艺术史：初民之美》，北京：人民文学出版社，2022年版，第88页。

划空而逝

①　臧棣：《犀利的汉语之光》，原载《发现》，第3期。

②　桑克：《黑暗中的心脏》，原载1992年4月出版的纽约《一行》诗刊第16期，台湾《现代诗》转载。

③　桑克：《黑暗中的心脏》，原载1992年4月出版的纽约《一行》诗刊第16期，台湾《现代诗》转载。

④　北京大学五四文学社刊物。

低调的鄂力

①　陈丹青：《笑谈大先生》。

图书在版编目（CIP）数据

尘事如潮人如水 / 祝勇著. -- 北京：作家出版社，
2025.9. -- ISBN 978-7-5212-2961-5

Ⅰ. I267

中国国家版本馆CIP数据核字第20240WJ837号

尘事如潮人如水

作　　者：祝　勇
责任编辑：兴　安
封面设计：平　宇
内文设计：张　亮
出版发行：作家出版社有限公司
社　　址：北京农展馆南里10号　　邮　　编：100125
电话传真：86-10-65067186（发行中心）
　　　　　86-10-65004079（总编室）
E-mail:zuojia@zuojia.net.cn
http://www.zuojiachubanshe.com
印　　刷：北京盛通印刷股份有限公司
成品尺寸：142×210
字　　数：142千
印　　张：8.25
版　　次：2025年9月第1版
印　　次：2025年9月第1次印刷
ISBN　978-7-5212-2961-5
定　　价：69.00元